LES QUINZE TABLETTES DE THOTH

HERMÈS TRISMÉGISTE

THOT L'ATLANTE

TABLETTE 01 : L'HISTOIRE DE THOTH, L'AT-LANTE

Je suis THOTH, l'Atlante, maître des mystères, gardien de la Mémoire ancestrale, Roi, Sage et Mage. Je suis celui qui survit d'une génération à l'autre et qui s'apprête à entrer dans la Chambre de l'Amenti pour guider ceux qui me suivront dans les souvenirs de la grandeAt lantide.

J'ai débuté cette série d'incarnations dans la grande métropole de KEOR,surl'îledeUN DAL,àuneépoquetrèsloin   taineoùlesmag esde l'Atlantide vivaient et mourraient, non pas comme les petits hommes de cette période obscure, mais en renouvelant leur vie dans la Chambre de l'Amenti;làoùlari   vièredelaviecouleéter   nellementv ersl'in fini.

Cent fois dix j'ai parcouru la voie obscure qui même à la lumière et autant de fois j'ai traversé l'obscurité pour régénérer mon pouvoir et ma forceg râceàmonas censiondanslalu mière.

Et maintenant, me voici à nouveau avec vous, pour un temps, jus-qu'aumo mentoùlepeupledeKEM(noman   ciendel'Ég ypte)nemere-connaîtraplus .Maisilre   viendraletempsoùjesur   giraiànou veau,for tet redoutable,pourde manderdescomptesàceuxquisontder   rièremoi.

Alors attention à toi peuple de KHEM. Si tu as dénaturé mon enseignement je te précipiterai en bas de ton trône, dans les cavernes obscuresd'oùtuviens .

Et toi qui m'écoute ici, ne révèle pas mes secrets aux peuples du Nord ni à ceux du Sud, sinon tu subiras aussi mon châtiment. Souviens toi et retiens ces paroles, parce que je reviendrai sûrement. Du plus profond des temps et de la mort je reviendrai pour punir ou récompenser les actes que tu as commis. Si ce texte est maintenant entre tes mains c'estquetuesdignemaisnetra hispas .

Dans les jours anciens mon peuple était grand, plus grand que tout ce que peuvent concevoir les petits qui m'entourent. Il possédait une sagesse ancienne puisant au cœur d'un savoir infini provenant de l'enfance de la terre. Sages parmi les sages, les enfants de la lumière étaient parmi nous.Ilsétaientpuis santsparcequeleurpou voirv enaitdufeuéter nel.

Mon père THOTME était le plus grand des enfants des hommes. C'était lui le Gardien du grand temple où pouvaient venir les hommes des races qui habitaient nos dix Iles afin de rencontrer les Enfants de la lumière.

Porte parole de la Divine Triade et gardien de UNAL, il savait parler auxR oisa vecLAV OIXQ UIDOITÊTREOBÉIE.

Puis arriva le moment où le gardien du Temple demanda que je comparaisse devant lui. Peu d'enfants des hommes ont survécu à l'épreuve de son visage éclatant ; le même visage que projettent les Enfants de la lumière lorsqu'ils ne sont pas incarnés dans un corps physique.

Je fus choisi parmi les enfants des hommes pour recevoir l'enseignement du Gardien afin d'accomplir ses desseins qui mûrissaient dans le seindesT emps.

Sans autre désir que celui d'atteindre la sagesse, c'est dans ce Tabernacle que j'ai passé de l'enfance à la maturité et que j'ai reçu l'enseignement sacré de mon père sur les mystères anciens, jusqu'au moment où le feuéter neldelasa gessevints'ins tallerenper manenceenmoi.

Pendant une longue période je fus assigné au Temple pour apprendre encore et toujours plus de cette sagesse divine jusqu'au moment oùilmefutpos   sibled'ap procherlalu mièredug randfeu.

Le Gardien du temple me montra la voie de l'Amenti, le monde derrièrelemonde;làoùleg   randR oisièg esursontrônedegloire   .

Devant cette grande sagesse je me suis prosterné en hommage aux Seigneurs de la vie et aux Seigneurs de la mort et pour recevoir la Clef de la Vie qui permet d'entrer dans le cercle de la vie perpétuelle et qui libèredelamor   t.

J'ai appris à voyager vers les étoiles jusqu'au point où l'espace et le temps fusionnent. Et après avoir bu longuement dans la coupe de la sagesse, j'ai appris à plonger dans le cœur des hommes afin d'y découvrir de plus grands mystères. Ma joie fut grande parce que mon âme ne trouvaitdere posetdesa tisfactionquedanscettequêtein   finiedevé rité.

J'ai traversé les âges pour découvrir le secret de ceux qui m'entourent et les voir goûter à la coupe de la mort pour ensuite renaître à la vie.

Puis j'ai vu le voile de l'obscurité qui a recouvert le royaume de l'Atlantide. Cette grande terre qui fut jadis une étoile éclatante devint une étoile secondaire. Peu à peu, les pensées des Atlantes se tournèrent vers l'obscurité jusqu'au moment où le Gardien, dans son AGWANTI (détachement), prononça la parole qui appelait le pouvoir. En accord avec la Loi,lev erbedumaîtreécla taenf leur.

Du cœur profond de la Terre, les enfants de l'Amenti entendirent son appel et avec leur LOGOS ils dirigèrent les mutations de la Fleur du feuquibrûleéter   nellementafinquesaf   lammec hangededi rection.

C'est alors que les grandes eaux recouvrirent la Terre et modifièrent son équilibre. Il ne resta que le Temple de Lumière, seul et intact, sur la montagne de UNDAL qui émergeait au dessus des eaux et qui préserva temporairementsesha bitantsdesfu reursdesg randesfon taines.

C'est alors que le Maître m'appela : "Rassembles mon peuple avec le grand Art que tu as appris avant les grandes eaux et transporte le dans le pays des barbares poilus, dans les cavernes du désert pour accomplir le planquetuconnaisdé   jà".

J'ai alors rassemblé mon peuple et nous sommes montés dans les grands vaisseaux du Maître. Au matin nous nous sommes envolés, laissant derrière nous le Temple dans l'obscurité, juste avant qu'il ne sombre à son tour dans les grandes eaux ; jusqu'au jour où il réapparaîtra, lorsquelestempsse rontac complis.

Vivement nous avons volé vers le soleil du matin, pour atteindre la terre des enfants de KHEM. En nous voyant, ils devinrent furieux et ils arrivèrent avec des lances et des couteaux pour combattre et détruire les enfantsd'At lantis.

J'ai alors projeté un rayon vibrant qui les frappa de plein fouet. Puis, je leur ai parlé avec des mots calmes et paisibles pour leur faire voir la splendeur d'Atlantide et leur dire que nous étions les enfants du Soleil et sesmes sagers.

Envoûtés par la science magique ils se prosternèrent à mes pieds et nous pûmes demeurer longtemps sur la terre de KHEM, très longtemps oùj'aiac complideg randstra vauxins pirésdelasa gesse.

Puis vint le jour où, obéissant aux commandements du Maître qui veille éternellement dans son sommeil, j'ai commandé aux enfants d'Atlantis de se déployer dans plusieurs directions pour se mêler au peuple de KHEM, afin que la sagesse éternelle sortent du sein des temps et s'élèveànou veaudanstoussesen   fants.

À partir de ce moment, les enfants de KHEM grandirent dans la lumière de la connaissance arrosée par la pluie de ma sagesse. Le peuple de KHEM grandit lentement et étendit son territoire. Son âme s'éleva peuàpeu.

C'est à cette époque que j'ai ouvert un passage vers l'Amenti afin de régénérer mes pouvoirs et pour survivre d'une époque à l'autre, comme unSo leild'At lantis,enconser vantlasa gesseetenpré servantlaMé moire ancestrale.

Avec le pouvoir qui neutralise la gravité j'ai élevé au dessus de ce passage une énorme pyramide. En son sein j'ai construit une chambre secrète d'où part un passage circulaire qui mène presque au grand sommet.

Là, dans son Apex, j'ai installé un cristal qui envoyait un rayon dans l'espacetempsafind'at tirerlaforcepro venantdel'Étheretlaconcen   trer sur le passage de l'Amenti. J'y ai construit d'autres chambres que j'ai laissévidesmaisquicac   hentlesclefsdel'Amen   ti.

Périodiquement,lorsqueletempsétaitv   enu,jere tournaisdansl'obscure Chambre d'Amenti, profondément dans les entrailles de la terre pour me présenter devant les Seigneurs du pouvoir, face à face avec le Gardien,de vantl'en tréedupas sagequimènev ersl'Amen ti.

Rares sont ceux qui affrontent ce passage qui descend vers l'obscure Amenti. Celui qui veut affronter courageusement les royaumes obscurs doit tout d'abord se purifier par un long jeûne et s'étendre dans le sarcophage. Ensuite je viens le rencontrer dans l'obscurité absolu et je lui révèlelesg randsm ystères.

À partir de ce moment, moi THOTH, Maître de la Sagesse, je l'accompagnepourtou jours.

J'ai construit la Grande pyramide en m'inspirant de la pyramide na-
turelle des forces de la terre afin qu'elle brûle éternellement et qu'elle demeure à travers les âges. Dans sa forme j'ai inscrit mon savoir de la
Science Magique afin qu'elle soit toujours disponible lorsque je reviens
del'Amen ti.

Ainsi, lorsque je dormirai dans la Chambre de l'Amenti, mon Âme
s'incarnera à nouveau parmi les hommes, sous cette forme ou sous une
autre.

Ô Hermès le Trois fois né. Émissaire du Gardien sur la Terre, je ré-
ponds à tes commandements afin que plusieurs de tes enfants puissent
êtreéle vésàcettedi gnité.

Maintenant que je t'ai révélé ces mystères, il est temps que je retourne dans la Chambre de l'Amenti, en laissant derrière moi un peu de
ma sagesse. Préserve toi et garde précieusement le commandement du
Gardien:

LÈVE TOUJOURS PLUS HAUT TES YEUX
VERS LA LUMIÈRE

Et maintenant me voici à nouveau uni au Maître. Par ma dignité na-
turelleetmonv ouloirjesuisUNa vecleg randTOUTCEQ UIEST.

Je vous quitte pour un temps. Gardez et vivez mes commandements
etain sijese raia vecv ouspourv ousai deretv ousgui derv erslalu mière.

Maintenant devant moi s'ouvre le Portail où je m'enfonce dans la
noirceurdelan uit.

TABLETTE 02 : LA CHAMBRE DE L'AMENTI

Lac hambredel'Amen ti,c hambredelaVieetdelamor   tquibaigne dans le feu du Tout infini, repose dans le cœur profond de la terre,loinendes   sousduconti nenten gloutid'At lantide.

Il y a très longtemps, perdus dans l'espace-temps, les enfants de la lumière regardèrent le monde pour constater que les enfant des hommes étaient emprisonnés par une Force qui vient de l'au-delà. Ils savaient qu'ils pourraient s'élever de la terre au Soleil s'ils parvenaient à se libérer de l'emprise de ce pouvoir obscur. Pour les aider ils s'incarnèrent dans descor psquires semblaientàceuxdeshommes   .

Les maîtres dirent : "Nous sommes formés de la poussière de l'espace et nous partageons la vie du Tout infini. Nous vivons comme les enfantsdeshommesetpour   tantnoussommesdif férentsd'eux.

Ils utilisèrent leur pouvoir pour ouvrir de grands espaces, très profondément au cœur de la croûte terrestre, isolés des enfants des hommes. Protégés par leurs pouvoirs et leurs forces c'est ainsi qu'ils se protégèrentdelaChambredelamor   t.

Ils ouvrirent beaucoup d'autres espaces qu'ils inondèrent de la lumière d'en haut et y apportèrent de nouvelles formes de vies. Ils construisirent les Chambres de l'Amenti pour se régénérer et vivre jusqu'àlafinéter   nelle.

Il y eut 32 enfants de la lumière qui s'incarnèrent parmi les hommes pourlesli bérerdel'em prisedesforcesdel'obs   curitédel'au-de là.

Dans les profondeurs de la Chambre de la vie une fleur de lumière se mit à grandir et à prendre de la force pour repousser la nuit. Au cœur de cette fleur émanait un rayon d'un grand pouvoir qui donnait la vie, la lumièreetlepou   voiràtousceuxquis'enap   prochaient.

Autour de cette fleur, ils firent un cercle avec 32 trônes où les enfants de la lumière pouvaient s'immerger dans cette radiance et se remplirdelalu   mièreéter nelle.

Périodiquement, à chaque mille ans, ils trônent durant cent ans, avec leur premier corps de lumière afin qu'il puisse s'imprégner de l'Esprit de la Vie. C'est là que depuis le fond des âges, inconnus des hommes, ils accélèrent et éveillent l'Esprit de la vie. Ils reposent dans les Chambres de la vie laissant leur âme rayonner et imprégner les corps des hommes. Inconnus des races humaines, près du feu froid de la vie, les enfants de la lumièresièg entetvi ventéter nellementdanslaChambredelavie   .

D'une époque à l'autre, pendant que leur corps de lumière sommeille, ils s'incarnent dans le corps des hommes et leurs enseignent comment sortir de l'obscurité pour aller vers la lumière. C'est alors qu'ils s'éveillent et sortent des profondeurs pour devenir des lumières infinies parmilesmor tels.

Il en est de même de celui qui s'élève progressivement de l'obscurité profonde de la terre intérieure et qui se propulse lui-même hors de la nuit. Il se libère des Chambres de l'Amenti pour éclore comme une fleur de lumière et avec sa sagesse il enseigne aux hommes à devenir des Maîtresdelavieetàseli   bérerdel'obs curitédelan uit.

Silencieux, étranges et redoutables, vêtus de leur pouvoir, différents etpour tantunisauxen fantsdeshommes ,cesêtresat tirentàeuxlaforce de vie. UN AVEC LES ENFANTS DE LA LUMIÈRE ils observent les limites qui entourent les hommes et se tiennent disponibles pour les aideràs'enaf franchirlorsquelalu mièrear riveraàpoint.

Au cœur de la flamme éternelle résident les sept seigneurs de l'espace-temps qui aident et guident les enfants des hommes dans le passagequitra verseletemps .

Au centre se trouve le neuf infini (9) qui prend la forme d'un cercle entier qui projette son bras selon son intention, c'est lui le Seigneur des seigneurs. Redoutable dans sa présence voilée il préside aux grands cyclescos miques.Ilsur veilleetme surelapro gressiondeshommes .

Autour de LUI, siègent les six Seigneurs des cycles : trois, quatre, cinq, six, sept et huit. Eux aussi sont libres des contingences de l'espace et du temps. Chacun a sa mission et son pouvoir pour diriger et aider la destinée des hommes. Ils ne sont pas de ce monde et pourtant ils sont les frères des hommes. Ils surveillent la progression de la lumière parmi leshommesetlessou tiennenta vecleursa gesse.

Durant mon périple au sœur de l'Amenti je fus conduit par le Gardien qui était UN avec le grand Un. Une voix profonde qui sortait de l'infinimedit:

"Te voici devant moi THOTH, celui qui parmi les enfants des hommes détiens le grand Art. Tu es Maître de la vie libéré dans les Chambresdel'Amen ti.T uesce luiquineconnaîtpaslamor   tàmoinsde le vouloir, celui qui boit à la source de la vie jusqu'à la fin de l'éternité. TuesCE LUIQ UITIENSLAMOR TA UBOUTDESESMAINS .

Soleildeshommestuteré génèresdanslesChambresdel'Amen tioù tuv asettuviensse lontondé sir.

Tu reprends vie dans la forme que tu désires, Ô fils de la lumière parmi les hommes. Tu choisis le travail qui te conviens et tu poursuis ton oeuvre sans relâche sur le sentier de la lumière où tes pas te mènent toujours plus en avant vers la montagne de la lumière. Cette montagne qui devient toujours plus haute à mesure que tu t'en approches tout commelebutde vientplusg randàme surequetupro gresses.

Sans cesse tu t'approches de l'infini sagesse qui se cache dans le but. Ton passage dans les Chambres de l'Amenti te rend libre de marcher main dans la main avec les Seigneurs de ce monde et avec tous ceux qui apportentlalu mièreauxen fantsdeshommes ."

C'est alors qu'un des Maîtres se leva de son trône et me guida à travers les Chambres des terres profondes et secrètes de l'Amenti pour me dévoiler des mystères inconnus de l'homme. Il me conduisit dans le passage obscur jusqu'à la Chambre ou siège la Mort noire. Cette grande Chambre était vaste et, bien que dans l'obscurité absolue, elle était remplied'unefor medelu mièreim manente.

Devant moi se dressait un grand trône d'obscurité sur lequel siégeait une figure voilée. Elle était plus noire que noire, d'une noirceur qui n'était pas celle de la nuit. Le Maître s'arrêta devant elle et de la voix qui donnelavie ,ildit:

"Ô Maître de l'obscurité, berger qui montre la voie d'une vie à l'autre,JETEPRÉ SENTEUNSO LEILDUMA TIN.

Ne plonge pas sa lumière dans l'obscurité. Rends-le invulnérable au pouvoir de la nuit. Reconnais-le et acceptes-le comme un de nos frères qui se sont élevés de l'obscurité à la lumière. Laisse sa lumière s'épanouir librementdanslan uit,li bèresaf lammedelaser vitude".

À ces mots, la forme obscure étendit la main d'où s'éleva une flamme claire et brillante qui repoussa le rideau de l'obscurité et qui éclaira la Chambre. Tout l'espace s'embrasa comme si l'obscurité elle même était le combustible qui alimentait le feu. Des myriades de fleurs de feu éclataient en gerbes pour allumer encore plus d'étincelles qui se répandaientdanslan uitenpro jetantunelu mièredif fuse.

Entourée d'un voile d'obscurité qui lui servait de combustible éternel, ces étoiles de lumière brillaient sans qu'il soit possible de rassasier leur soif d'éclairer. Allant et venant comme des lucioles au printemps, ellesrem plissaientl'es pacedeLu mièreetdeVie .

C'est alors qu'une voix puissante et solennelle se fit à nouveau entendre:

"Voici les lumières que sont les âmes des hommes, elles grandissent et décroissent à jamais, toujours vivantes dans le changement de la vie et delamor t.

Lorsqu'elles ont monté en fleur et atteint le zénith de leur croissance je projette le voile de l'obscurité qui va les transmuer en de nouvelles formes de vie. C'est ainsi qu'elles iront d'une époque à l'autre, sans cesse en croissance, d'une flamme à l'autre, pour illuminer l'obscurité avec un plus grand pouvoir, rassasiées et en même temps non rassasiées par le voiledelan uit.

C'est ainsi que l'âme de l'homme se déploie sans cesse en grandissant,ras sasiéeetpour tantnonras sasiéeparl'obs curitédelan uit.

Moi, la Mort, je viens et pourtant je suis éphémère puisque la Vie éternelle existe partout. Sur le chemin éternel je ne suis qu'un obstacle qui est vite conquis pour la lumière infinie. Je suis le combustible du feu éternel.

Éveilles toi Ô flamme qui brûle sans cesse à l'intérieur et qui conquiertlev oiledelan uit".

C'est alors que toutes les flammes réunies éclatèrent et fusionnèrent jusqu'à ce qu'il ne reste rien d'autre que de la lumière solide. Alors la voixdumaîtresefitànou veauen tendre:

"Regarde ton âme comme elle grandit dans la lumière ; libérée à jamaisduSei gneurdelan uit".

Il me guida à travers de grands espaces pour découvrir les mystères des Enfants de la Lumière ; mystères que l'homme peut connaître s'il devient lui-même un Soleil de lumière. Au retour il me guida vers la Chambre de lumière pour me prosterner devant les grands Maîtres, les Seigneursdescyclesdel'au-de là.A vecunev oixtrèspuis santeilajou ta:

"Maintenant que tu es devenu libre de la Chambre de l'Amenti, choisiqueltra vailtuv euxac complirpar milesen fantsdeshommes ."

Jeluiré pondis:

"Ô,g randMaître ,laissemoide venirunen seignantdeshommes ,afin de les guider à l'aller et au retour ; jusqu'au moment où ils deviendront à leur tour des lumières parmi les hommes en se libérant du voile de la nuit qui les entoure, rayonnants comme la lumière qui doit briller parmi leshommes .

Lav oixré pondit:

"Qu'il en soit ainsi. Tu es maître de ta destinée ; libre de prendre ou de rejeter selon ton vouloir. Empare toi du sceptre du pouvoir et de la sagesse. Brille comme une lumière éclatante parmi les enfants des hommes."

Et ainsi, le Gardien me ramena en haut pour vivre comme SOLEIL DE LUMIÈRE, FEU PARMI LES HOMMES, afin de leur enseigner mav oieetdeleurap prendreunpeudemasa gesse.

TABLETTE 03 : LA CLEF DE LA SAGESSE

Moi, Thoth, l'Atlante, je donne librement aux enfants des hommes ma sagesse, mon savoir et mon pouvoir afin qu'ils puissent à leur tour disposer de la sagesse et du pouvoir de transpercer lev oiledelan uitg râceàlavi gueurdeleurlu mière.

Homme, ne sois pas vaniteux car Sagesse est pouvoir et pouvoir est sagesse afin de contribuer à la perfection du Tout. Sache que tu dois échanger avec l'ignorant et avec le savant. S'ils viennent à toi écoute-les carlasa gesseestenT out.

Ne reste pas silencieux lorsque le mal est prononcé car la vérité brille au dessus de tout, comme le Soleil. Celui qui contrevient à la Loi se punira lui-même parce que c'est à travers cette loi que l'Homme acquiertsali berté.

Ne laisse pas la peur te submerger car la peur est un obstacle, une chaîne qui retient les hommes dans l'obscurité. Durant ta vie active écoute ton cœur et suis ce qu'il te conseille. Aucune richesse ne te sera utile si tu t'ouvres à ses conseils et si tu suis sa voie. Jamais tu ne perdras situsuistoncœur .

Ceux qui sont guidés ne deviendront pas des cendres alors que ceux quisontper dusnepour ronttrou verunev oiesûre .

Lorsque tu vas parmi les hommes sache que l'amour éclairé de soi estlecom mencementetlafinducœur   .

Si quelqu'un vient vers toi pour obtenir un conseil laisse le parler librement afin qu'il puisse exprimer sa véritable intention et réaliser ce que son cœur désir. S'il hésite à s'ouvrir c'est qu'il perçoit que tu le juges mal.

N'écoute pas et ne répète pas des propos extravagants puisque leur émissionn'estpasenéqui   libre.

Sache que le silence et l'écoute peuvent donner une grande sagesse à tonin terlocuteuralorsqueleba   vardageluise rain utile.

Ne t'exalte pas devant les autres de peur d'être rabaissé comme la poussière. Si tu dois être un grand homme, sois-le pour ta connaissance ettag entillesse.

Pour connaître la nature de quelqu'un évite les opinions des autres et passedutempsseula   veclui.Endis cutantetenob servantsescom portements tu connaîtras son cœur. Ce qui est gardé en réserve viendra en avantettupar   tagerasa veclui.

Le fou considère la sagesse et la connaissance comme de l'ignorance et les choses qui sont profitables le heurteront. Il vit dans la mort qui est sonali ment.

Le Sage laisse parler son cœur et garde le silence avec sa bouche. Toi homme, écoute la voie de la sagesse, écoute la voie de la Lumière. Les mystèresquiémerg entduCos mosillu minentlemondedeleurlu   mière.

Celui qui veut se libérer de l'obscurité doit tout d'abord séparer le matérieldel'im matériel,lefeudelater   re;parcequetoutcommelater   re descenda veclater relefeumontea   veclefeuetde   vientuna vecleF eu.

Celui qui connaît le feu en lui s'élèvera pour rejoindre le feu éternel etre poseraenluipourl'éter   nité.

LE FEU INTÉRIEUR EST LA PLUS GRANDE DE TOUTES LES FORCES parce qu'il a su pénétrer la matière et toutes les choses de later re.C'estluiquisur   passetouteslesc   hoses.

Sache que si la matière n'existait pas il faudrait l'inventer. Pour se tenir debout l'homme doit s'appuyer sur ce qui résiste. Ainsi, la terre doit résisteràl'hommesansquoiilnepour   raitexis ter.

Tous les yeux ne voient pas la même chose, la forme et la couleur d'un même objet seront perçues différemment selon les yeux qui le regardent. De la même façon, le feu infini passe d'une couleur à l'autre et n'estja maislemêmed'unejour   néeàl'autre .

Écoute la sagesse de THOTH, l'homme est un feu qui brûle et qui éclaire à travers la nuit. Ce feu n'est jamais assouvi, même recouvert du voiledel'obs   curitéetdelan   uit.

En regardant le cœur des hommes avec ma sagesse j'ai vu qu'ils sont enchaînés. Libère ton feu de ses chaînes, ô mon frère, si tu ne veux pas qu'ilsoiten gloutiparl'ombredelan   uit.

Sois attentif et écoute ma sagesse : quand le nom et la forme cessent-ils ? Dans la conscience invisible et infinie, dans cette force radianteetbrillante .

La forme que l'homme constitue en clarifiant sa vision est un effet qui provient d'une cause. Pour un temps, l'homme est une étoile attachée à un corps, jusqu'au moment où elle se libère de ce poids. C'est alors qu'après un dernier moment suprême de luttes et d'efforts elle émergedansuneautrevie

Celui qui connaît l'origine de toutes choses libère à jamais son étoile du royaume de la nuit. Rappelle toi, ô homme, TOUT CE QUI EXISTE EST SIMPLEMENT UNE AUTRE FORME DE CE QUI

N'EXISTE PAS. Tout passe éternellement d'une forme à une autre formed'êtreettun'espasuneex   ception.

AppréciescetteLoi,parcequetoutestLoi.

Ne recherche pas ce qui est en dehors de cette Loi parce que ce ne sont que des illusions de tes sens. La plus grande illusion est de croire qu'iln'yapasd'illu   sions.

La Sagesse vient à tous ses enfants lorsqu'ils viennent à la sagesse. Depuis des époques reculées la lumière fut cachée. Éveille toi homme et soissag e.

J'ai voyagé au cœur des mystères profonds de la vie pour chercher ce qui avait été caché. Écoute maintenant ce que j'ai à te dire Ô homme et soisSag e.

Très profondément sous la croûte terrestre, dans les Chambres de l'Amenti, j'ai vu des mystères qui sont dissimulés aux hommes. J'ai voyagé souvent dans ce passage caché à la recherche de la Lumière qui est la Vie des hommes. Là où les fleurs de vie sont toujours vivantes j'ai sondé les cœurs et les secrets des hommes. J'ai vu que l'homme vit dans l'obscurité sans savoir que ce grand Feu est caché en lui, dans la terre de son corps.

C'est devant les Seigneurs de la secrète Amenti que j'ai appris la Sagesse que je donne maintenant aux hommes. Ce sont les maîtres de la grandeSa gessese crètequipro vientdufu turdelafinin   finie.

Je t'ai déjà révélé que les Seigneurs de l'Amenti sont au nombre de sept. Sept suzerains, enfants du matin, Soleils des périodes et maîtres de lasa gesse.

Ce ne sont pas des enfants des hommes. On les appellent TROIS, QUATRE, CINQ, SIX, SEPT, HUIT ET NEUF. Sans forme tout en donnant forme aux hommes ils proviennent du futur pour leur enseigner.

Sans vie et pourtant ils vivent pour toujours. Ils ne sont pas enchaînés à la vie et sont libres de la mort. Ils gouvernent pour toujours avec leur infini sagesse, attachés et pourtant libres des Chambres de la mort. Ces seigneurs du Tout sont libres de tout et en eux se trouve la vie qui pourtant n'est pas la vie. Ces instruments qui donnent le pouvoir sur tout proviennent du Logos primordial. Vastes dans leurs limites, cachés par leur petitesse, formés par le sans forme, connus et pourtant inconnus.

Le TROIS détient la clef de toute magie cachée. C'est lui le créateur des Chambres de la mort ; il déploie son pouvoir pour enfermer les âmes des hommes dans l'obscurité. C'est le régisseur de tout ce qui est négatifpourlesen   fantsdeshommes .

Le QUATRE permet de se libérer du pouvoir du trois. C'est le Seigneurdelaviepourlesen   fantsdeshommes .Soncor psestdelu mièreet les flammes sont ses modes d'expression. C'est le libérateur des âmes desen fantsdeshommes .

CINQ est le maître, le Seigneur de toute magie, la clef du VERBE quiré sonnepar mileshommes

SIX est le Seigneur de la lumière, le sentier caché que suivent les âmesdeshommes .

SEPTestleSei gneurdel'im mensitédel'es paceetlaclefdesT   emps.

HUIT régule le progrès et ses étapes. Il pèse et équilibre le voyage deshommes .

NEUF est le père. Son mode d'expression est vase. Il prend forme etsetrans formeàpar tirdusansfor me.

Médite sur ces symboles que je te donne. Ce sont les clefs cachées aux hommes. Monte toujours plus haut Ô Âme du matin. Élève tes pensées vers la lumière et la vie et TU TROUVERAS DANS LES CLEFS

DES NOMBRES LA LUMIÈRE QUI ÉCLAIRERA TON CHEMIN D'UNEVIEÀL'A UTRE.

Recherche la Sagesse et tourne tes pensées vers ton royaume intérieur. Ne ferme pas ton esprit à la fleur de lumière. Développe une forme pensée pour chacun des nombres. Ensuite fusionne cette pensée avec ton corps. Pense aux nombres qui guident ta vie. Le sentier de celui qui possède la sagesse est toujours clair. Ouvre la porte du royaume de lalu mière.

Projette tes flammes comme le Soleil du matin. Éloigne l'obscurité etvitdanslalu   mièredujour .

PRENDS AVEC TOI CES SEPT CLEFS ET CONSIDÈRE LES COMME PARTIE DE TON ÊTRE. LES SEPT QUI SONT MAIS QUINESONTP ASCEQ U'ILSSEMBLENT.

Ouvre toi Homme, prends ma sagesse. Suis le sentier que j'ai ouvert pour toi Ô Maître de la Sagesse, Soleil de la lumière du matin et de la vie pourlesen fantsdeshommes .

TABLETTE 04 : LE NATIF DE L'ESPACE

Homme, écoute la voix de la Sagesse que j'ai amassée depuis le débutdutempsetdel'es   paceàl'ori ginedececyclecos   mique.

Moi THOTH, l'enseignant des hommes, je suis de Tout ce qui est ; le Maître des mystères, le Soleil du matin, l'enfant de la Lumière qui brilledetoutsonéclat.

Il y a longtemps durant mon enfance dans la fabuleuse Atlantide, je contemplais les étoiles en rêvant de mystères qui dépassent les hommes. C'est alors que dans mon cœur grandit le désir de conquérir le sentier quimèneauxétoiles .

Durant des années j'ai cherché de nouvelles connaissances en suivant la voie de la Sagesse jusqu'au moment où mon âme s'est enfin libérée de ses entraves pour s'envoler. J'étais enfin libre des limites des hommes de la terre. Affranchi de mon corps j'ai bondi dans la nuit. L'espace des étoiles venait enfin de s'ouvrir. J'étais libre des entraves de la nuit.J'aipar courul'es pacesansfin,bienaude   làdesconnais sancesetdes limites des hommes. Loin dans l'espace, mon âme a voyagé librement dans le cercle infini de la lumière. J'ai vu de gigantesques planètes et des mondes étranges qui dépassent les rêves des hommes. J'ai découvert que la grande Loi, dans toute sa beauté, est la même là-bas qu'ici parmi les hommes. Emporté par les scintillements de mon âme à travers la beauté infinie,j'aiv oyagéa vecmespen séesàtra versl'es pace.

Je me suis reposé sur une planète de beauté où l'harmonie palpitait dans l'air. Il y avait là des formes qui se déplaçaient dans un ordre parfait, grandes et majestueuses comme des étoiles dans la nuit. Elles s'harmonisaientdansunéqui libreor donné,sym bolesdelaLoicos mique.

Nombreuses sont les étoiles que j'ai croisées durant mon voyage, nombreux les mondes habités par d'étranges races d'hommes ; certains sont aussi évolués que les étoiles du matin, d'autres écrasés par la torpeur de la nuit. Tous et chacun persévèrent vers le haut, appréciant les sommets conquis et colmatant les brèches, parfois dans la clarté parfois dansl'obs curité,ilstra vaillentàaug menterlalu mière.

Homme,lalu mièreesttonhé ritage.Sac hequel'obs curitén'estqu'un voile.Scel léedanstoncœursetrouv elaclar tééter nellequiat tendl'oc casion pour conquérir un peu plus de liberté et pour enlever le voile de la nuit.

J'ai aussi rencontré des êtres qui ont conquis l'Éther et qui se sont affranchis de l'espace tout en demeurant des hommes. Loin dans l'espace, en utilisant la force qui est la fondation de toutes choses, ils ont constitué une planète. Là, grâce à cette force qui baigne toute la création ils savent condenser et précipiter l'Éther dans des formes qui se développent selon leur vouloir. Fabuleux par leur science, grands par leur sagesse, voilà les enfants des étoiles. Longtemps je me suis arrêté pour contempler leur sagesse et je les ai vu construire de gigantesques cités d'oretderoseàpar tirdel'Éther .

Formé à partir de l'élément primordial, base de toute matière, l'Éther est la quintessence universelle. Les enfants des étoiles savent constituer uneimag edansleures pritpourqu'aus sitôtl'Éthersecondenseetsematérialise dans la forme choisie et commence à grandir. C'est dans un lointain passé qu'ils ont conquis l'Éther et qu'ils se sont libérés de la servitudedutra vail.Danscev oyagedemonâmeàtra versleCos mosj'aivu d'anciennes et de nouvelles choses pour apprendre que l'homme est aussiunen fantdel'es pace,unSo leilduSo leil,unen fantdesétoiles .

Sache que partout où il se trouve l'homme est un avec les étoiles. Leur corps ne sont rien d'autres que des planètes qui tournent autour du soleilcen tral.

Regarde le Soleil, regarde la terre et vois que tout cela est un tout. La terre est du Soleil inversé. Quand tu prends conscience de ta lumière tu t'installes sur le soleil, tu es le soleil qui contemple sa création. Lorsque tu t'installes dans la lumière de la sagesse, tu deviens libre de briller dans l'Éther - tu es un des Soleils qui brillent dans l'obscurité, un des enfants de l'espace qui grandissent dans la lumière. Un frère de la constellation desétoiles .

Tout comme les étoiles perdent de leur éclat en allant vers le matin, l'âmea vancesanscesseenlais santder rièreellel'obs curitédelan uitpour fusionner dans la lumière. Comme les étoiles l'âme se forme à partir de l'Éther primordial et se remplit de la clarté qui coule de la source. Elle fusionne avec l'Éther qui l'encercle et qui l'enflamme jusqu'au moment desali bération.

Élève ta flamme AU DESSUS DES TÉNÈBRES QU'EST L'ÉTHERreten voletoidelan uitpourtrou vertali berté.

C'est ainsi que j'ai voyagé dans l'espace temps, en sachant que mon âmeétaiten finlibre ,ensa chantquejepou vaismain tenantg randirensagesse. Jusqu'au moment où j'ai enfin passé dans un plan au-delà du savoir et de la sagesse, au-delà de tout ce qui est imaginable. Et là, homme, monâmefutinon déedejoieendé couvrantquej'étaisen finlibre .

Écoute, enfant de l'espace, écoute ma sagesse, sache que toi aussi tu seraslibre .Écouteen core,Homme ,soisat tentifâmasa gesse,écoutema voix qui te dis que toi aussi tu peux vivre et être libre. Nous ne sommes pasdelater re,maisdesen fantsdel'in finielu mièrecos mique.Nev ois-tu pas, O homme, quel est ton héritage ? Ne vois-tu pas que tu es lumière véritable ? Soleil du Grand Soleil tu seras. Lorsque tu auras acquis la Sagesse tu deviendras conscient de ton appartenance à la lumière. Je te donne maintenant mon savoir et la liberté de marcher sur le sentier que jet'aiou vertg râceàmesef fortsetquitecondui rav erslesétoiles .

Sois attentif, O homme, prends conscience de ton asservissement et découvre comment te libérer de tes durs labeurs. Tu émergeras enfin de l'obscurité,una veclalu mière,una veclesétoiles .

Sachequec'estseule mentenres tantsurlessen tiersdelasa gesseque tu pourras t'élever du royaume inférieur. La destinée de l'homme le ramènetou joursdanslescourbesduT outin fini.

Sache, O homme, que l'ordre est partout dans l'espace. Ne cherche pas à l'obtenir de force car il est déjà présent, il n'y a qu'à le laisser être. C'est seulement en te conformant à l'ordre que tu deviens Un avec le Tout. L'ordre et l'équilibre sont les lois du Cosmos. Suis les et tu deviendrasUna vecleT out.

Celui qui veut suivre la voie de la Sagesse doit s'ouvrir à la fleur de vie et laisser sa conscience sortir de l'obscurité pour s'envoler dans l'espaceetletempsduGrandT out.

LESI LENCE

Tudoistoutd'abordtemain tenirdanslesi lencejus qu'aupointoùtu te libéreras de tes désirs et de ton envie de parler dans le pur silence. Tu te libéreras de l'asservissement des mots en faisant la conquête du silence.

LEJEUNE

Tu dois aussi t'abstenir de manger jusqu'au moment où tu auras vainculedé sirdesali ments,quisontlesliensquien   serrentl'âme .

LANOIR CEUR

Allonge toi ensuite dans l'obscurité. Ferme tes yeux à la lumière et concentre la force de ton âme dans le centre de ta conscience, afin de la libérerdesat tachesdelan   uit.

VISUALISEETSOISÉNER GIQUE

Places dans ton esprit l'image de ce que tu désires. Visualise l'endroit que tu souhaites voir et laisse toi porter par ton pouvoir pour libérer ton âmedesan   uit.Uti lisetoutetaforcepourl'ébran   lerafinqu'elleseli   bère.

La flamme cosmique est d'une puissance qui dépasse les mots. Elle traverse tous les plans inconnus des hommes, redoutable et équilibrée, elle se déplace en ordre et en harmonie avec la musique qui dépasse l'homme. La flamme du Tout éternel s'exprime avec la musique et chantea veclacou leur.

Toi aussi tu es une étincelle de cette flamme O mon enfant, toi aussi tu brûles avec la couleur et tu vis avec la musique. Écoute la voix et tu seraslibre .

La conscience libérée fusionne avec le cosmos où elle devient Une avec l'Ordre et s'aligne avec le Tout. Ne vois tu pas que de l'obscurité la lumière doit jaillir et que sa flamme doit bondir toujours en avant. Vois icilesym boleduT out.

Récite cette prière pour atteindre la sagesse. Prie pour qu'advienne la lumière du Tout. "Redoutable ESPRIT de LUMIÈRE qui brille à travers le Cosmos, accorde ma flamme avec la tienne. Aimant du feu qui est Un avec le Tout, élève mon feu au dessus de l'obscurité. Toi le redoutable et puissant, soulève mon âme. Enfant de la lumière, ne t'éloigne pas de moi. Attire à moi le pouvoir de me reposer dans ta fournaise ardente ; Un avec Tout et Tout avec Un, feu qui anime ma vie et qui est Un avec leCer veau."

Lorsque ton âme sera enfin libérée de ses liens l'obscurité s'éloignera de toi. Libéré des chaînes qui t'attachent à la chair, tu peux maintenant poursuivretaquêtesansfindesa   gesseàtra versl'es pacein fini.A vanceet monte vers les royaumes de lumière ; dans le soleil du matin tu scintilles librement O âme. Enfant de la lumière tu es le mouvement de la liberté qui avance dans l'ordre et l'harmonie. Recherche et garde ma Clef de Sagesse.Alorstuse   rasen finlibre .

TABLETTE 05 : L'HABITANT DE UNAL

J'ai souvent rêvé de l'Atlantide qui fut ensevelie dans la nuit des temps et qui durant des millénaires éclaira l'obscurité de tous ses feux. C'est là que vécu HORLET le Seigneur qui régna sur la terre detouteslescréa   turesg râceàsonpou   voirfa buleux.

De son temple le maître de UNAL était le Rois des nations, le Sage parmi les sages, la Lumière de SUNTAL, le Gardien de la voie et la Lumière de la terre durant l'époque de l'Atlantide. Le maître HORLET provenait d'un autre plan. Bien qu'il se soit incarné dans un corps d'homme il les dépassait tous par son savoir. Il fut le Soleil de son époque.

Détenteur de la Sagesse universelle, il enseigna aux hommes la voie de la Lumière et de la réalisation. Il maîtrisa l'obscurité et conduisit l'âme deshommesv ersdessom metsquiétaientUna   veclalu mière.

Avec le pouvoir de YTOLAN il savait condenser l'ETHER pour constituer une substance palpable qui prenait la forme qu'il concevait avecsones prit.

D'une couleur noire sans être noire, obscure comme l'espace-temps, cettesub stanceétaitL'ES SENCEDELAL UMIÈRE.

Il divisa la terre en dix royaumes qu'il confia au gouvernement des hommes et dans le onzième l'habitant de UNAL construisit un temple fabuleux grâce au pouvoir de son Logos qui moulait et formait l'Ether selon son vouloir. Espace après espace, ce temple se mit à grandir et s'étendit sur une superficie de plusieurs lieux jusqu'à couvrir l'île de ses splendeurs.

TABLETTE 06 : LA CLEF DE LA MAGIE

Ô homme, écoute la sagesse de la magie. Écoute le savoir des pouvoirsou bliés.

Il y a très longtemps, à l'époque des premiers hommes, il y eut une guerre entre l'obscurité et la lumière. Comme c'est encore le cas maintenant, les hommes étaient à la fois de lumière et d'obscurité. Déjà à cette époque l'éternel combat faisait rage. De toutes les époques et sur tous lesplans ,cetteluttein cessantesepour suittou jours.

Les adeptes des deux camps se combattirent audacieusement à travers les âges en utilisant des pouvoirs étranges, inconnus des hommes. Tantôt les adeptes de l'obscurité faisaient reculer la clarté mais les maîtres de la clarté résistaient audacieusement et combattaient les ténèbres ; à chaque fois les chevaliers de la lumière revenaient en force pourconqué rirlan uit.

C'est ainsi qu'il y a très longtemps, les Soleils du matin qui descendaient des royaumes supérieurs trouvèrent le monde envahit par la nuit et c'est alors que débuta cette bataille séculaire entre l'obscurité et la lumière. Mais ils étaient tellement nombreux à être remplis de ténèbres que la lumière était une toute petite flamme dans la nuit. Et les maîtres des ténèbres essayaient de l'attirer dans leur nuit éternelle. Ils voulaient resserrer les chaînes qui gardaient les hommes captifs des griffes de la nuit. Ils utilisaient une magie noire qui fut apportée aux hommes par le pouvoirdesté nèbres,unema giequien veloppaitl'âmedenoir ceur.

LES FRÈRES DE TÉNÈBRES formèrent une bande qui à travers les âges s'opposa aux enfants des hommes. Ils se déplaçaient toujours en secret et se dissimulaient des hommes. On disait qu'ils étaient ceux qui étaient là et qui pourtant n'étaient pas là. Ils se déplacent dans le noir et se tiennent à l'abri de la lumière, derrière le voile de la nuit. En secret et silencieusement, ils utilisent leurs pouvoirs pour asservir et enfermer l'âmedeshommes .In visibles;ilsv ontetilsviennent.

C'estàcausedesonigno   rancequel'hommelesat   tired'endes sous.

Les FRÈRES DES TÉNÈBRES voyagent à l'intérieur d'une obscurité qui n'est pas celle de la nuit. Ils utilisent les pouvoirs obscurs et mystérieux qui proviennent des ténèbres pour attirer d'autres habitants de leur royaume. Leur savoir interdit est redoutable parce qu'il provient des forcesdelan uit.

Ils se déplacent sur la terre à travers les rêves des hommes où ils peuvent faire irruption dans leur espace mental pour les enfermer dans le voile de la nuit. S'ils se laissent faire, leur âme sera enfermée dans les chaînesdesté nèbrespourlerestedeleurvie   .

Écoute moi O Homme et sois attentif à mon avertissement pour te libérer des griffes de la nuit. Ne laisse pas ton âme capituler devant les FRÈRES DE L'OBSCURITÉ. Tourne ton visage vers la lumière éternelle. Sache que la misère provient du voile de la nuit. Écoute mon avertissement et sois constant dans tes efforts pour monter et tourner ton âmev erslaL UMIÈRE.

Sache que LES FRÈRES DES TÉNÈBRES veulent recruter ceux qui ont voyagé sur le sentier de la LUMIÈRE. Ils savent très bien que ceux qui dans leur quête de LUMIÈRE se sont approchés du SOLEIL disposent en fait de pouvoirs encore plus grand pour enfermer les autres enfantsdelalu mièredansl'obs curité.

Écoute celui qui vient vers toi O Homme. Évalue soigneusement si mes paroles sont celles de la LUMIÈRE. Il y en a beaucoup qui sont brillants dans leur obscurité et qui pourtant ne sont pas des enfants de la LUMIÈRE. Leur sentier est facile à suivre. Ils montrent tous la voie de lafa cilitéat tirante.

Alors écoute bien mon avertissement O Homme, parce que la lumière vient seulement à celui qui fait des efforts et qui persévère. Il est difficile le sentier qui conduit à la sagesse et qui mène à la LUMIÈRE. Plusieurs pierres obstruent ce sentier. Il y a plusieurs montagnes à gravir vers la lumière. Ne te laisse pas tromper par l'illusion de l'effort matérialiste en vue de se procurer des biens. Ce n'est pas de cela qu'il s'agit. Nous parlons de l'effort en vue d'intensifier sa lumière intérieure et de pouvoir traverser le voile de la nuit comme un SOLEIL DE LUMIÈRE. Regarde les étoiles et les soleils du Cosmos et tu comprendras qu'ils voyagent depuis toujours à travers les grandes ténèbres de l'espace infini. Et pourtant ils demeurent intacts et brillants. Voilà l'effort demandé, rester brillant et lumineux tout en traversant les ténèbres les plus obscures. Et ce n'est pas une mince tâche. Voilà pourquoi les Soleils de lumière durentdetouteéter nité;"parcequ'ilssontconstantsdansleursef forts".

Sache, O homme, que celui qui ira jusqu'au bout du sentier de LUMIÈREse ralibre .

NE SUIS JAMAIS LE SENTIER DE LA FACILITÉ QUE TE PROPOSENT LES FRÈRES DE L'OBSCURITÉ. Parce que ce sentier tecondui raàladi minutionetàl'ex tinctiondetalu mière.

Reste avec nous. Pour toujours sois un enfant de la LUMIÈRE. Demeure dans la constellation des étoiles fixes. Sache qu'à la fin, la clarté

vaincra toujours et que les ténèbres de la nuit seront bannies par la LU-
MIÈRE.

Écoute,Ohommeetfaisat   tentionàmasa gesse.

"TOUTCOMMEL'OBS CURITÉ,AIN SIESTLAL UMIÈRE".

TABLETTE 07 : LES SEPT SEIGNEURS

Écoute ma voix O homme. Ouvre l'espace de ton esprit et abreuve toidemasa gesse.

Le sentier de la VIE sur lequel tu voyages est obscur. Plusieurs pièges se cachent sur ta voie. Alors soit inlassable dans ta quête de la sagessequiéclai reratonc hemin.

Ouvre ton âme à l'énergie cosmique et laisse la couler pour qu'elle devienneUNEa vecTONÂME.

Sache que la LUMIÈRE est éternelle et que les ténèbres sont passagères. Recherche sans cesse la LUMIÈRE parce qu'à mesure qu'elle remplit ton être elle fait disparaître l'obscurité. Ouvre ton âme aux FRÈRES DE LA CLARTÉ. Laisse les entrer pour qu'ils te remplissent de la LUMIÈRE.

Lève tes yeux vers la lumière du Cosmos et garde ton regard tourné vers le but. C'est seulement par la lumière de la sagesse que tu deviens UN avec le but infini. Recherche sans cesse l'éternel UN et dirige toi sans cesse vers la lumière du But. La lumière est infinie et l'obscurité n'estqu'unv oilefi ni.Cherc hesanscesseàdé chirercev oiled'obs curité.

Écoute moi, O homme, écoute ma voix qui chante LA MÉLODIE DELAL UMIÈREETDELAVIE.

Soisas suréquepar toutdansl'im mensitédelacréa tionlaL UMIÈRE est toujours dominante et qu'elle englobe tout de ses bannières de flamme. De même que l'infini existe caché et dissimulé dans le fini, ainsi en creusant sans cesse à travers le voile des Ténèbres tu trouveras la LU-MIÈRE. De la même façon, perdu et flottant à travers le Tout, tu dé-couvriras l'existence du CERVEAU INFINI qui vit à travers le TOUT CE QUI EST. Vois ici la lumière que tu cherches, celle de l'intelligence universelle et lumineuse. Dans tout l'espace il n'y a qu'UNE SAGESSE. Même si elle semble parfois fragmentée elle est UNE AVEC L'UN. Tout ce qui existe provient de la LUMIÈRE qui elle-même provient du TOUT.

Tout ce qui est créé est basé sur L'ORDRE. La LOI ordonne l'es-pace partout à l'infini. Les grandes époques de l'histoire se dirigent en harmonie et en équilibre vers l'éternité de la fin. Sache, O homme, que loindansl'es pacetemps ,l'IN FINIlui-mêmesetrans formera.

Écoute moi et sois attentif à la Voix de la Sagesse : Sache que Tout estenT outpourtou jours.

Sache qu'avec le temps tu trouveras davantage de sagesse et de lu-mièresurtonc hemin.

Ton but est une cible en mouvement. A mesure que tu t'approcheras dubuttulev errassedé roberde vanttoietprendreuneautrefor me.

Il y a très longtemps, dans les Chambres de l'Amenti, moi Thoth, guidé par le Gardien, j'ai comparu devant les puissants Seigneurs des cycles cosmiques dont une bonne part de leur pouvoir et leur immense Sagesseresteen coreàdé voiler.

J'avais la liberté de me joindre à eux mais j'ai préféré continuer mon chemin.

Souvent je suis descendu vers l'obscur sentier qui mène dans la Chambre où la LUMIÈRE brille à jamais. Là, les Maîtres des cycles m'ontap prisunsa voirquipro vientduTOUTIN FINI.

J'avais plusieurs questions à leur poser. Leurs réponses étaient toutes empreintes de la Grande Sagesse. C'est pourquoi je te donne maintenant cetteSa gessequipro vientdesf lammesdufeudel'in fini.

Cachés profondément dans LES CHAMBRES OBSCURES, ils sont lesSEPTfor mesdeconsciencequiré gissentlesg randscyclesex térieurs. Encore aujourd'hui, les Sept grands pouvoirs livrent leurs messages aux hommes. Depuis toujours, je me tiens près d'eux afin de percevoir leurs parolesquisepro noncentsansunson.

Un jour ils m'ont dit : "O homme, aimerais-tu acquérir plus de sagesse ? Alors recherche-la dans le cœur de la flamme. Aimerais-tu connaître les arcanes du pouvoir ?Alors cherche les dans le cœur de la flamme. Aimerais-tu être un avec le cœur de la flamme ?Alors cherche-la à travers ta propre flamme cachée."Pendant longtemps ils m'ont parlé pour m'enseigner une Sagesse qui vient d'en haut et qui n'est pas de ce monde;ilsm'ontin diquédenou veauxsen tiersquimènentv erslaclar té. Ils m'ont donné un savoir opérationnel qui provient de la Loi et de l'OrdreduT out.

Les SEPT se sont adressés ainsi à moi : "Homme, nous venons de loin, très loin au delà du temps. Nous avons voyagé au delà de l'ES-PACE-TEMPS là où se trouve l'origine de la fin infinie. Avant que toi et tes frères n'ayez pris forme, nous étions déjà formés dans l'ordre du TOUT. Nous ne sommes pas des hommes et pourtant nous fûmes aussi des hommes. Nous provenons directement du vide originel, avec Ordre et selon la LOI. Maintenant tu sais que la forme est sans forme. La formen'existequepourlesyeux."

Les SEPT poursuivirent : "Thoth, tu es un enfant de la LUMIÈRE.
Tu es libre de voyager sur le sentier de clarté pour monter jusqu'au point
oùtouslesUNSde   viennentUN .

Sachequenousa   vonsétéfor mésensui vantl'ordrena turel:

TROIS,Q UATRE,CINQ,SIX,SEPT   ,HUIT ,NEUF .

3456789

Sache que nous suivons le même nombre de cycles dans notre des-
centejus qu'àl'homme:trois   ,quatre ,cinq,six,se   pt,huitetneuf .

Chacun a son rôle à jouer et détient le pouvoir de contrôler une
force spécifique. Nous faisons UN avec l'âme du cycle qui nous est
propre.

Et nous aussi nous poursuivons un but qui dépasse l'entendement
del'homme;l'In   finis'ac croîtjus qu'aupointdedé passerleTOUT .

Ainsi, dans un temps qui n'est pas encore en son temps, NOUS DE-
VIENDRONS TOUS UN AVEC -UN PLUS GRAND QUE LE
TOUT-.

Le temps et l'espace se déplacent en cercle. Reconnais cette loi et toi
aussi tu seras libre. Toi aussi tu seras libre de traverser les cycles pour
passer devant les gardiens qui se tiennent devant la porte." C'est alors
que la voix de NEUF parla : "J'existe depuis le début des temps, sans
connaître la vie et sans subir la mort. Il faut que tu saches, Ô homme,
que loin dans le futur, la vie et la mort seront réunies dans le TOUT.
Chacuns'équi libreradansl'Uni téduTOUT .

Pour les hommes de cette époque, la Force de vie semble fragile,
mais cette vie est destinée à devenir Une avec le TOUT. Je suis présent
dans cette époque et pourtant j'existe déjà dans le futur. Mais pour moi
letempsn'existepaspuisquejepro   viensdusansfor me.

37

Nous n'avons pas la vie et pourtant nous existons, plus complète-
ment, plus grands et plus libres que vous. L'homme est une flamme attachée à une montagne, mais nous, sur notre plan, nous sommes libres à
jamais. Il faut que tu saches, O homme, que lorsque cette époque aura
passé, la vie elle même aura passé dans le royaume des ténèbres. Seule
l'essencedel'âmesur vivra."L'es sencevi branteduv ouloir...

Alors le HUIT s'adressa à moi : "Le TOUT est contenu dans le petit
et pourtant vous n'avez pas encore accédé au Grand. Mon origine est
loin dans l'espace ; là où règne la LUMIÈRE suprême. Je suis apparu
dans la LUMIÈRE. Je suis venu au monde mais pas comme vous. Ma
formesansfor meestv enuesousfor medeCORPSDEL UMIÈRE.

Je ne connais ni la VIE ni la MORT et pourtant je suis maître de
tout ce qui existe. Toi qui cherche sur le sentier obstrué par des obstacles,pour suistonv oyage,v asurlec heminquiconduitàlalu mière."

AlorsleNEUFs'adres saànou veauàmoi:

"Recherche le sentier qui mène vers l'au-delà parce qu'il est possible
de développer une conscience plus haute. En voici le signe : Lorsque le
DEUX devient UN et que UNE devient le TOUT alors sache que la
barrière s'est levée et que la voie est libre. Développe ta forme pour
qu'ellepassedanslesans-for meettuse raslibre ."

C'est ainsi qu'à travers les âges j'ai écouté ce conseil qui m'indique la
voie vers le TOUT. J'élève mes pensées vers le TOUT CHOSE. Seul le
Sansfor mepeutap préhenderleTOUT .

Etv oicicequemeditleTOUTCEQ   UIEST .

"O LUMIÈRE qui pénètre tout, UNE avec TOUT et TOUT avec
UN, Descend en moi à travers le canal. Inonde moi de tes rayons Afin
que je devienne libre. Rend moi UNE avec l'ÂME-TOUT Qui brille
dans l'obscurité de la nuit. Rend moi libre de l'espace-temps Libre du

voile de la nuit. Moi, Enfant de la lumière Voici que je commande : Je suislibreàja maisdel'obs curité."

Je suis l'ÂME LUMIÈRE sans forme. Sans forme et pourtant je brille comme la lumière. Je sais que les liens de l'obscurité doivent se dénouer et s'évanouir devant la lumière. Voici ma sagesse. Libre tu seras, O homme, puisque tu vivras dans la lumière et la clarté. Garde ton regard vers la lumière. Ton âme habite dans le royaume de la lumière. Tu es un enfant de la lumière. Tourne tes pensées vers l'intérieur et non pas vers l'extérieur. C'est au centre que tu trouveras l'âme de lumière.Sache que tu est le MAÎTRE. Le monde des apparences et toutes les illusions qui se présentent devant toi proviennent du dedans. Tu en es le créateur. Alors continue à grandir dans le royaume de la clarté et garde tes pensées dans la lumière. Tu est un avec le Cosmos, une flamme et un enfant de la lumière.Entoisetrouv etaconnexiona vecleTOUTRA YONNANTDE LUMIÈRE.C'estpour quoijetemetseng arde:nelaissepastespen   sées s'égarerv erslacro yancequelalu mièrepro vientdel'ex térieurdetoi.

Sache que la lumière rayonne à partir de toi pour toujours. Sois comme un soleil au centre de son univers. Tu brilles et tu éclaires le monde que tu as toi même créé. Reste au centre Ô Soleil de lumière. Éclairetacréa tionpourtou jours.

Ne te laisse pas séduire par les frères des ténèbres qui te montrent la CLARTÉ OBSCURE. La lumière réfléchie n'est pas la lumière solaire. Ne te laisse pas séduire par la lumière artificielle qu'on veut projeter vers toi pour te donner l'illusion que tu existes. Tu es le centre, tu es celui qui éclaire. Tu es SOLEIL DE LUMIÈRE de ton univers. Garde toujours tes yeux dans cette direction et ton âme en accord avec la LUMIÈRE CENTRALE.

Prends ma sagesse et garde là précieusement. Écoute ma voix et aligne toi sur ce que je te dis. Reste sur le sentier de la clarté et tu seras

UNa veclaV oie.

TABLETTE 08 : LA CLEF DES MYSTÈRES

Homme, je t'ai donné mon savoir et ma lumière. Maintenant sois attentif et reçois ma sagesse qui provient des dimensions de l'au-delà. Sache que je me suis libéré de toutes les dimensions et de tous les plansdel'exis tence.

Dans chacun d'entre eux je dispose d'un corps, dans chacun d'entre eux je peux changer de forme à ma guise. Mais je sais que le sans-forme précèdelafor me.

Voici la sagesse du SEPT. Ils sont puissants ceux qui viennent de l'au-delà. Ils se manifestent grâce à leurs pouvoirs qui sont alimentés par laforcedel'au-de là.Écoutelav oixdelasa gesseetfais-latienne .

DécouvreleSANS-FORMEetv oisqu'ils'agitdelaclédel'au-de là.

Le mystère est un savoir caché qu'il faut connaître et dévoiler. Découvres avec moi cette sagesse enfouie et deviens le maître des ténèbres etdelalu mière.

Il y a de nombreux mystères autour de toi où se dissimulent des secrets profonds et anciens. Utilise les clés de ma sagesse pour en découvrirlav oie.

Lec hemindupou voirestg ardése cretmaisce luiquic herchere cevra ce qu'il demande. Regarde la lumière! O mon frère. Ouvres toi et tu recevras ce que tu veux. Mais auparavant, empresse toi de traverser la vallée de ténèbres pour vaincre le gardien de la nuit. Garde toujours tes yeux tournés vers la DIMENSION DE LUMIERE et tu seras UN avec laL UMIERE.

L'homme est actuellement dans un processus de changement et de mutation vers des formes qui ne sont pas de ce monde. Il se dirige vers leSANS-FORMEdansunedi   mensionau-de là.

SACHE QUE TU DOIS TOUT D'ABORD DEVENIR "SANS FORME"SITUVEUXDE   VENIRUNA VECLAL UMIERE.

Écoute moi, O homme, ma voix t'indique ici le sentier qui mène à la lumière, la voie qui te permettra de devenir UN AVEC LA LUMIERE. Apprends que la Loi cosmique qui maintient les étoiles en équilibre provient de la nuée primordiale. Cherche dans les mystères qui se cachent dans le cœur de la terre. Recherche la flamme qui anime la vie terrestre. Baignetoidansl'éclatdecefeu.R   estesurlesen tieràtroiscoinsjus   qu'au momentoùtude   viendrasf lamme.

Adresse les paroles sans voix à ceux qui habitent le royaume d'en dessous. Entre dans le temple de la flamme bleue et baignes toi dans le feudelavie .

Sache, O homme, que tu es un être de terre et de feu. Laisse ta flammebrillerdanstousseséclats   .De vienslefeu.

La sagesse est cachée dans l'obscurité de ta terre. Enfant de la lumière voici ma sagesse, lorsque la flamme de ton âme est allumée te voilà devenu un glorieux Soleil de lumière sans forme. Garde toujours ma sagessequisetrouv edanslecœurdecettef   lamme.

Sache que c'est seulement par la persévérance que la Lumière se déversera dans ton cerveau. Maintenant que je t'ai donné ma sagesse, écoute ma voix et obéit. Le voile des ténèbres se déchire et laisse apparaîtreunelu mièrequit'in diquelec hemin.

Et maintenant je vais te parler de l'ancienne Atlantide, je vais te parlerduR oyaumedesombresetdelav enuedesen fantsdel'ombre .

Ce fut un jour sombre lorsque les hommes voulurent plus de pouvoiretin voquèrentceuxquiviennentdel'ab ysse.

Dans une très lointaine époque avant l'Atlantide, il y avait des hommes qui exploraient les ténèbres et qui utilisèrent la magie noire pour invoquer des êtres qui habitent dans les grandes profondeurs que nousa vonsendes sous.

À cause de ces invocations, ces êtres parvinrent à la surface et arrivèrent dans cette époque. Auparavant ils étaient des entités sans forme quivi braientàunni veauin visiblepourleshommes .

C'est grâce au sang des hommes et à travers eux qu'ils purent arriver dansnotremonde .

C'est alors que vinrent des maîtres habiles qui réussirent à les refouler dans leur royaume obscur. Mais certaines de ces entités réussirent à seca cherdansdeses pacesetdesdi mensionsin connusdeshommes .

Elles vécurent à l'époque de l'Atlantide sous la forme d'ombres qui detempsentempsap paraissaientauxhommes .

Elles purent s'installer parmi les hommes à cause de sacrifices humainsoùlesangétaitré pandu

Elles purent prendre la forme des hommes mais seulement en apparence. Lorsque leur déguisement était enlevé elles avaient des têtes de serpent. Elles réussirent à s'infiltrer dans les lieux de rassemblement des hommes en prenant leur forme. Par la suite elles réussirent à exterminer lesc hefsdesro yaumes,àprendreleurfor meetàdo minerlepeuple .

A partir du royaume des ombres elles voulaient détruire les hommes etprendreleurplace .

Leur stratagème était très habile, seule la magie pouvait les démasquer. Certaines invocations sonores permettaient de voir leur vrai visage. Mais heureusement il y avait de grands Mages capables de neutraliser le voile qui masquait leur face de serpent et de les refouler dans leur domaine.

Ces maîtres enseignèrent à l'homme les mots et les incantations que seuls les hommes pouvaient prononcer. C'est ainsi qu'ils purent démasquerlesser pentseteséloi gnerdeshommes .

Mais soyez vigilants, les serpents sont toujours vivants, à certaines époques une porte peut s'ouvrir dans la dimension où ils habitent. Invisibles, ils peuvent se déplacer dans certains lieux où des rituels ont été accomplis et si les temps sont propices ils pourront prendre la forme de l'homme.

Ils peuvent être invoqués par le maître qui connaît le blanc et le noir, mais seul le maître blanc peut les contrôler et les déjouer lorsqu'ils habitent un corps. C'est pourquoi je te conjure d'éviter le royaume des ombres,si nonlemalv asû rementap paraître.

Sache, ô mon frère que la peur est un très grand obstacle. Seul le maître de la clarté et de l'amour peut conquérir l'ombre de la peur. Affirmestoicommelemaîtredelaclar   téetl'ombres'év anouiraaus sitôt.

Écoute et fais attention à ma sagesse; la voix de la LUMIERE EST CLAIRE. Ne recherche pas la vallée des ombres et seule la lumière sera présente.

Écoute la profondeur de ma sagesse, ô homme, moi qui te parle d'un savoir caché aux hommes. J'ai voyagé très loin à travers l'ESPACE-TEMPS, jusqu'à la limite de l'espace de cette époque où j'ai trouvé une grandebar rièrequiem pêchel'hommedequit tercetteépoque .

J'ai vu les Cerbères qui gardent cette barrière et qui attendent ceux qui veulent passer. Dans cette dimension où le temps n'existe pas, j'ai ressenticesg ardiensdenotreépoque .

Sache, ô homme, que l'Ame qui ose passer la Barrière peut être retenue par les Cerbères qui se cachent au delà du temps jusqu'au moment où les temps seront accomplis. Lorsque la conscience s'en ira il restera enar rière.

Ces gardiens se déplacent toujours selon des lignes et des angles. Ils nesontpasca pablesdesemou voirdansdesdi mensionscourbes .

Ils sont étranges et terribles ces gardiens de la Barrière. Ils peuvent traquer la conscience jusqu'aux limites de l'espace. Ils peuvent te suivre jusque dans ton corps et poursuivre ton âme grâce à des angles et des droites.

C'est pourquoi seul le cercle te donnera la protection et te sauvera desg riffesdesGAR DIENSDESANGLES .

Il y a longtemps je me suis approché de la grande Barrière et sur des rivages où le temps n'existe pas, j'ai vu la forme sans forme des Cerbères delaBar rière.

Dissimulés dans le brouillard au delà de temps ils m'ont immédiatement sentis et se sont mis à ma poursuite afin d'engloutir mon âme en lançant leurs cris semblables à une cloche qui peut être entendue d'une dimensionàl'autre .

Je me suis alors enfui pour revenir de la fin des temps mais ils m'ont poursuivi en se déplaçant selon des angles étranges et inconnus des hommes. J'ai volé en cercle pour revenir dans mon corps suivi de près par les dévoreurs qui se déplaçaient sur des lignes droites et des angles pourprendremonâme .

Je suis revenu dans mon corps en faisant des cercles sans aucun angle. J'ai constitué une forme parfaite et ferme comme une sphère où j'ai protégé mon corps pendant que mes poursuivants se perdaient dans lescerclesdutemps .

C'est pourquoi, même lorsque je me déplace en dehors de mon corps, je fais toujours attention à ne pas me déplacer selon des angles, sinonmonâmepour raitneja maisêtrelibre .

Rappelle toi que les Cerbères de la Barrière se déplacent toujours à l'angle et jamais dans les courbes de l'espace. En te déplaçant dans des mouvements circulaires tu pourras leur échapper puisqu'ils te poursuivrontdansdesangles .

Ecoute mon avertissement ô homme, ne laisse pas la porte de l'au-delà ouverte. Rares sont ceux qui ont réussis à traverser la barrière pour atteindre la grande LUMIERE qui brille au delà. Les gardiens recherchentcesâmesafindelesas servir.

Ne te déplace pas à l'angle mais toujours en suivant des courbes. Si tu entends un son semblable à des aboiements de chiens de chasse qui retentissent comme une cloche à travers ton être alors reviens vite à ton corps en te déplaçant en cercle et ne retournes pas dans le brouillard. Lorsque tu es revenu dans ta forme habituelle utilises la croix et le cercle pourtepro téger.Ouvreg randtabouc heetuti liselaV OIX.

PrononceleMOTettuse raslibre .

Seul celui qui détient la grande LUMIERE peut espérer traverser la GrandeBar rièreeetéc happerauxCer bères.

Seul l'illuminé peut se déplacer selon des courbes étranges et selon desanglesquiv ontdansdesdi rectionsin connuesdeshommes .

Écoute moi bien, ô homme, avant de passer la Barrière et échapper aux gardiens il faut tout d'abord que tu intensifies ta lumière et que tu te rendesca pabledetra verserl'épreuv e.

La LUMIERE est la fin ultime, ô mon frère, recherche et trouve cettelu mièresurlaV OIE.

TABLETTE 09 : LA CLE DE LA LIBERATION DE L'ESPACE

Ecoute moi attentivement, O homme, je vais t'enseigner la Sagesse et la lumière appropriée pour cette époque ; je vais t'apprendre à chasserlesté nèbresetàap porterlalu mièredanstavie .

Voici le point central de mon enseignement qui va te permettre de parcourir le sentier qui te permettra de VIVRE ETERNELLEMENT, COMMEUNSO LEIL,etdere pousserlev oiledel'obs curité.

Travaille à devenir la lumière du monde. Deviens un vaisseau de lumière, un point focal pour le Soleil de ce système. Élève tes yeux vers le Cosmos et la LUMIERE. Prononce les mots du Gardien, l'incantation quiap pellelalu mièrev erstoi.Chanteslali bertéetlac hansondel'âme .

Élève ta vibration à un niveau où tu deviendras UN AVEC LE TOUT et qui te permettra de fusionner avec le Cosmos. Deviens UN avec la Lumière pour accomplir sa LOI de clarté et d'ordre dans le monde.

Cette LUMIERE, O homme, est la GRANDE LUMIERE qui brille à travers l'ombre de ta chair. Mais pour devenir UN AVEC LA LUMIERE il faut t'élever au dessus des ténèbres et des ombres qui t'entourent.

La vie coule sans cesse pour te remplir mais sache que tu dois t'élever de ton corps et te rendre dans d'autres dimensions qui sont toujours unea vectoi.

Regarde autour de toi et remarque que c'est ta propre lumière qui se reflète partout. À travers les ténèbres tu poursuis ta course en ouvrant le chemin par ta propre Lumière. Voilà la sagesse que tu dois conserver danstoncœurOSo   leildelu mière.

Ne te laisse pas trahir par ton corps, reste sur le chemin de la vibration de lumière. Abstiens toi de succomber à la voie ténébreuse qui te trompe en te laissant croire que la lumière est extérieure à toi. Tu es lumière.T uesso leil.

Sache que cet enseignement est resté intact depuis le début des temps depuis l'origine de L'AME DU TOUT. Voilà la Sagesse qui transformelec haosenhar monieenv ertudelaLOIdelaGRANDEV   OIE.

Ecoute, O homme, l'enseignement de la sagesse. Écoute cette voie qui te guide depuis la nuit des temps. Je te raconterai cette sagesse cachée dans l'origine du monde, perdu dans le brouillard de l'obscurité qui m'entoure.

Sache, homme, que tu es l'ultime de toutes choses. Ce savoir fut perdulorsquel'hommes'estlais   séli goterparlesc haînesdesté nèbres.

Il y a très longtemps je fus projeté hors de mon corps et j'ai voyagé librement dans l'immensité de l'éther pour encercler les angles qui maintiennent l'homme dans sa prison. Oui, ce sont ses croyances, ses petits dogmes, ses rigidités qui sont autant d'angles et de point de vue qui le maintiennent prisonnier alors que moi je circule librement en tournant librementau tourdesidéesetdesconce   pts.

Sache, O homme, que tu n'es qu'esprit et pensée. Le corps n'est rien sinonunesen sationdansla quellesedis simulenttesin tentions.

L'âme est tout ; ne laisse pas ton corps devenir une chaîne. Repousses l'obscurité et déplace toi librement dans la Lumière. Dématérialise ton corps et deviens libre. Sois une lumière qui est UNE avec la LUMIERE.

Lorsque tu voyages librement dans l'espace comme un SOLEIL DE LUMIERE tu vois que l'espace n'est pas infini mais qu'il est borné par desanglesetdescourbes   .

Tout ce qui existe n'est qu'un aspect de plus grandes choses qui doivent venir. La matière est fluide et coule comme un ruisseau. Elle passe constamment d'une forme à une autre. Cette connaissance existe depuis le fond des âges et elle est restée intacte même si elle fut parfois enseveliedanslesté   nèbresetou bliéeparl'homme .

Savais-tu que dans l'espace que tu habites maintenant il y en a d'aussi grandsquetoi.P arl'in termédiairedelama tièredetoncor psilssontin ti-mement reliés à toi et à tes préoccupations actuelles tout en occupant un espacedis tinctdutien.

Il y a longtemps, Moi, THOTH, j'ai ouvert une porte qui m'a permis de pénétrer dans d'autres espaces et d'y apprendre les secrets qui y étaientca chés.

Il y a plusieurs mystères qui sont cachés dans l'essence de la matière. Il y a NEUF dimensions qui s'entrecroisent tout comme il y a NEUF cycles dans l'espace. NEUF sont les diffusions de la conscience et NEUFsontlesmondesconte   nusdanslesmondes .

Et NEUF sont les seigneurs des cycles qui proviennent d'en haut et d'enbas .

L'espace est rempli d'espaces cachés parce que l'espace est divisé par le temps. Recherche LA CLE DE L'ESPACE-TEMPS et tu pourras ouvrir la barrière. La conscience existe partout à travers l'espace-temps. Bienquenotresa voirsoitca chéilexistepourtou jours.

La clé des mondes qui se cachent en vous ne se trouve qu'à l'intérieur de vous. Il y a plusieurs passerelles vers le mystère mais la clé est UNEA VECL'UN .

Cherche à l'intérieur du cercle et utilises le mot que je vais te donner. Ouvrelepas sageàl'in térieurdetoiettoiaus   situvi vras.

L'homme croit qu'il vit mais sache que la vie est dans la mort. Tant que tu es enchaîné à ton corps il n'y a pas vraiment de vie. Seule l'âme se meut dans un espace libre et possède la vie qui est vraiment la vie. Tout leresteestser vitude,unes clavagedontilfautseli   bérer.

Ne crois pas que l'homme est d'origine terrestre, même s'il croit provenir de la terre. L'homme est un esprit qui provient de la lumière. Mais tantqu'iln'enprendpasconscienceilnepeutêtrelibre   .Lesté nèbresencerclent l'être de lumière et enchaînent l'âme. Seul celui qui cherche peut espérerde venirlibre .

Les ombres autour de toi se dissipent, les ténèbres emplissent l'espace. Brilles de tous tes feux O AME DE LUMIERE et inondes de tes rayonsl'obs curitédel'es pace.

Tu es véritablement un SOLEIL DE LA GRANDE LUMIERE. Rappellestoidece laettuse raslibre .

Sors de l'obscurité, ne reste pas dans le monde des ombres ; émerges desté nèbresdelan uitcommeunSO LEILR OYALDUMA TIN.

LUMIERE, O TOI SOLEIL NAISSANT. Te voici rempli de la gloire de la lumière, libéré des liens obscurs. Une âme qui est UNE AVEC LA LUMIERE. VOILA LA CLE DE TOUTES LES SAGESSES.

A l'intérieur de toi se trouve L'ESPACE et LE TEMPS. Libère toi des entraves de l'obscurité. De la nuit, libère ton CORPS DE LUMIERE.

"Grande Lumière qui remplit le Cosmos, coule en abondance à travers l'homme. Transforme son corps en une torche de lumière qui ne pourraja maisêtreéteintepar   mileshommes ."

Il y a très longtemps dans le passé, j'ai cherché une Sagesse, un savoir ignoré des hommes. J'ai voyagé jusqu'aux confins de l'espace, là où commence le temps, pour rechercher de nouveaux savoirs afin de compléter ma sagesse et découvrir que seul le futur détient la clef de la sagessequej'yaitrou   vé.

Je suis descendu dans les CHAMBRES DE L'AMENTI pour rechercher de plus grands savoirs et j'ai demandé aux SEIGNEURS DES GRANDS CYCLES de m'indiquer la voie qui me conduira à la sagesse que je recherche. "Où se trouve la source du GRAND TOUT ?" leur aijede mandé.LeGRANDSEI   GNEURDUNEUFm'aalorsré   pondude sav oixécla tante:

"Libèretonâmedetoncor   psetviensa   vecmoiv erslaL UMIERE"

J'ai alors surgit de mon corps, tel une flamme resplendissante dans la nuit. Debout devant les SEIGNEURS, je baignais dans le feu de LA VIE.

Je fus alors saisi par une force qui dépasse l'entendement et qui me projetav ersl'ab ysseetdeses   pacesin connusdel'homme .

Là j'ai vu comment l'ordre se forme à partir du chaos et des angles de la nuit. Et ensuite j'ai vu comment la lumière jaillit de l'Ordre et j'ai entendulav oiedelaLu   mière.

J'ai vu la flamme émergée de l'Abysse se projeter en avant pour produirel'OrdreetlaLu   mière.

LA LUMIERE JAILLISSANT PAR SOI-MEME DES TENEBRES.

J'aivul'Ordreéémer   gerduc haos.

Lalu mièreéémer gerdel'Ordre .

Lavieémer gerdelalu mière.

C'estalorsquej'aien tendulav oixmedire:

"Ecoute et comprends. La flamme est la source de toute chose. Elle contient toutes les choses en potentialité. Le VERBE EST L'ORDRE qui produit la lumière. La vie provient du VERBE ET IL EN EST DE MEMEDETOUTCEQ UIEXISTE."

Lav oixdi vinepour suivit:

"Ce que tu appelles la VIE EN TOI c'est le VERBE. Retrouves cettevieentoiettutrou veraslespou voirspouruti liserceVERBE".

J'ai contemplé longtemps cette torche de lumière qui provenait de l'essence du feu. J'ai réalisé que LA VIE EST ORDRE ET L'HOMME ESTUNA VECLEFEU .

Ensuite je suis revenu dans mon corps et j'ai été vers le NEUF pour entendre à nouveau la voix des CYCLES. Avec ses pouvoirs vibrants elle medit:

"Sache O THOTH que LA VIE EST LE VERBE DU FEU. La force de vie que tu recherches est le verbe qui se montre comme un feu dans le monde. Suis la voie du VERBE et les pouvoirs viendront de sur-croît."Alorsj'aide mandéauNEUF:

"Seigneur, montres-moi cette voie qui mène à la sagesse, apprends moilav oieduVERBE."Ilmeré pondit:

"Tu trouveras cette voie à travers l'ORDRE. Ne vois-tu pas que le VERBE provient du Chaos ? Ne vois-tu pas que la Lumière provient du Feu ? Observe dans ta vie où sont les désordres. Équilibre et ordonne ta vie.ApaiseleChaosdetesémo tionsetl'ordres'ins talleradanstavie .

L'ORDRE qui sortira du Chaos apportera avec lui le VERBE DE LA SOURCE qui te donnera le pouvoir des CYCLES. Il donnera à ton Ame une force de liberté qui s'étendra à travers les âges, UN PARFAIT SOLEILDELASOUR CE."

J'ai écouté attentivement cette voix et j'ai gardé dans mon cœur ces paroles. Par la suite j'ai constamment recherché l'ORDRE dans mes parolesàpar tirduVERBE.

Sache que celui qui veut atteindre cet état doit toujours se maintenir dans L'ORDRE. Parce que l'usage du VERBE à travers le désordre a toujoursétéetse   ratou joursim possible.

Gardebiencesconseilsetguidetavieenfonc   tiond'eux.

Conquière le désordre et tu deviendras UN AVEC LE VERBE. Efforcetoidetou   joursaug menterlaL UMIEREsurlesen   tierdelavie .

DEVIENS UN AVEC L'ETAT DU SOLEIL. SOIS UN SOLEIL DEL UMIERE.SOISSEULE MENTL UMIERE.

GARDE DANS TES PENSEES MAINTIENS DANS TON ESPRIT L'IMAGE DE TON CORPS COMME ETANT UN AVEC LA LUMIERE.

SOISUNCORPSDEL   UMIERE.

RAPPELLE TOI QUE TOUT EST ORDRE QUI NAIT DU CHAOSPOURP ARVENIRALAL UMIERE.

LE TOUT EST ORDRE ET LA LUMIERE EMERGE DU CHAOS.

TABLETTE 10 : LA CLEF DU TEMPS

Écoute moi, Ô homme. Accepte ma sagesse. Découvre les mystères profonds et cachés de l'espace. Apprends quelle est cette PENSÉE qui se développe dans l'Abysse et qui apporte l'Ordre et l'harmonie dansl'es pace.

Sache que tout ce qui existe provient de la Loi. Découvre donc la LOI et tu seras libre sans être limité par les chaînes de la nuit. Très loin dans des espaces étranges j'ai voyagé dans les profondeurs de l'abysse du temps pour apprendre d'étranges mystères et en découvrir de plus étrangesen corejus qu'àlafinoùtoutse   raré vélé.

Sachequ'unm ystèreestunm ystèreparcequec'estuneconnais   sance inconnuedel'homme .Lorsquetuau   rasson délecœurdetoutlem   ystère alors le savoir et la sagesse t'appartiendront. LE TEMPS EST LE SECRET PAR LEQUEL TU PEUX TE LIBÉRER DE CET ESPACE. Pendant longtemps, moi Thoth, j'ai cherché la sagesse et je le ferai jusqu'à la fin de l'éternité parce que je sais que le but s'éloigne de moi à mesurequejem'enap   proche.

Même les SEIGNEURS DES CYCLES savent qu'ils n'ont pas atteint le but parce que leur sagesse leur apprend que LA VÉRITÉ

GRANDIT SANS CESSE. Il n'y a pas un but ultime et final à atteindre iln'yaqu'uneroutequenoussui   vonsàl'in fini.

Il y a très longtemps, j'ai parlé au GARDIEN. Je lui ai demandé de me révéler les mystères de L'ESPACE et du TEMPS. La question qui surgitdemonêtrefutlasui   vante:

"Dismoimaître ,qu'est-cequeletemps?"

Lemaîtremeré pondit:

"Sache, Ô Thoth, qu'au commencement il y avait le VIDE et le NÉANT. Un néant sans espace-temps. C'est alors qu'une PENSÉE SURGIT DE CE NÉANT, une pensée décisive et envahissante qui remplitceVIDE.

Il n'y avait alors aucune matière ; seulement une force, un mouvement, un vortex, une vibration provenant de cette pensée décisive qui remplissaitleVIDE."

J'aialorsde mandéaumaître:

"Cettepen séeest-elleéter nelle?"

LeGar dienmeré pondit.

"Aucom mencementilya vaitunepen séééter nelle.P ourqu'unepensée soit éternelle le temps doit exister. C'est pourquoi LA LOI DU TEMPS se mit à grandir DÈS LE COMMENCEMENT, DANS CETTE PENSÉE DÉCISIVE. Oui, le temps existe à travers l'espace. Il flotte dans un mouvement rythmique tranquille, dans un état immuable éternel. Le temps ne change pas, ce sont les choses qui changent dans le temps. Le temps est la force qui garde les événements séparés, chacun à sajusteplace .

Letempsneboug epas ,c'esttoiquitedé   placesàtra versletemps ,au furetàme surequetaconsciencesedé   placed'uneévé nementàl'autre .

A travers le temps tu maintiens l'éternelle unité de ton existence. Sache que même si à un moment dans le temps tu te sens fragmenté tu restesquandmêmeUNàtra   verstouslestemps ."

Comme la voix du Gardien s'estompait, j'ai poursuivis ma médita-
tion sur le temps. Je savais que ses paroles portaient une grande sagesse
et me donnaient une piste pour explorer les mystères du temps. J'ai souvent médité sur les paroles du Gardien et j'ai cherché à résoudre le Mys-
tèredutemps .

J'ai découvert que le temps se déplaçait en suivant des angles ou des
directionsétrang es.J esa vaisqueseuleslescourbespou   vaientmefour nir
laclefquejec   herchaispoura voirac cèsàl'es pace-temps.

J'aidé couvertquelaseulefa   çondemeli bérerdutempsas sociéàces
mouvements angulaires était de me déplacer vers le haut et vers la droite
dansunmou   vementcir culaire.

Je suis alors sorti de mon corps, aspiré par les mouvements qui me
transformaient dans le temps. Durant mes voyages, j'ai vu des choses
étranges et j'ai percé le secret de plusieurs mystères. Loin dans le passé,
j'ai vu les origines de l'homme et découvert que rien n'est vraiment nouveau.

Cherche, Ô homme, à trouver la voie qui mène vers ces nouveaux
espaces qui se formeront sans cesse dans le temps. Mais rappelle-toi que
seule la Lumière est ton but véritable ; recherche-la sans cesse et persé-
vèredanstaquête .

Ne laisse jamais les ténèbres envahir ton cœur. Que ton âme soit lumière, un soleil sur la voie. Sache que dans la clarté éternelle ton âme
n'est jamais enchaînée par les ténèbres, elle baigne toujours dans la lu-
mière.ElleybrillecommeunSo   leil.

Sache que, même si ton âme est cachée dans l'obscurité elle demeure
une étincelle de la flamme véritable. Elle est UNE avec la plus grande de
toutes les Lumières. Trouve dans cette Lumière LA SOURCE le sens de
ta quête. La Lumière est la vie ; sans la Grande Lumière rien ne peut

exister. Que ce soit au cœur de la matière la plus dense ou enchaînée dans les ténèbres, la Lumière est toujours présente. Il arriva que j'étais dans les CHAMBRES DE L'AMENTI lorsque j'entendis la voix des Seigneurs de l'AMENTI qui prononçaient des paroles fortes et puissantes sur un ton qui retentissait à travers le silence. Ils psalmodiaient la chanson des cycles, les paroles qui ouvrent le sentier de l'au-delà. C'est alors que je vis le grand chemin s'ouvrir devant moi et je pus contempler l'AU-DELÀ pour un instant. Je vis les mouvements des grands cycles cosmiques.Ilsétaientv astesetpor tésparlapen séedelaSOUR CE.

C'est alors que je compris que même l'Infini est en changement et qu'il se dirige vers une fin impensable. Je vis que le Cosmos est ORDRE et qu'il est lui même une partie de ce mouvement infini qui englobe tout l'espace, qu'il est un ORDRE à l'intérieur d'un niveau D'ORDRE supérieur,tou joursenmou vement,har monieuxàtra versl'es pace.

Je vis que la Grande roue des cycles est comme de vastes cercles à travers le ciel. Je compris que tout être est en croissance vers un autre état d'être qui se manifestera dans de lointaines coordonnées ESPACE-TEMPS.

Je savais que certaines PAROLES ont un pouvoir qui peut ouvrir à des dimensions qui sont normalement cachées à l'homme. Le VERBE est porteur de la clé qui peut ouvrir ce qui est en haut et ce qui est en bas.

Écoute moi bien ô homme, retiens ce mot de puissance que je te laisse.Uti lise-leettutrou verascepou voirdanssaso norité.

Prononce le mot : "ZIN-URU" et tu trouveras le pouvoir. Mais pour qu'il soit efficace tu dois comprendre que l'homme est LUMIÈRE et quelaL UMIÈREESTHOMME.

Sois attentif, ô homme et entend ce que j'ai à te dire sur un mystère plusétrang equetoutcequisetrouv esousleSo leil.

Sache, ô homme, que l'espace est tout entier rempli d'univers conte-
nus dans d'autres univers, des mondes entiers se superposent. Chacun
estdansunautreetpour   tantilssontsé parésparlaLOI.

Unjour ,dansmare   chercheper pétuelle,j'aiou vertunepor tequidis-
simuleunepro fondesa gesseauxhommes .

J'ai attiré cette sagesse d'une autre dimension, elle qui était plus juste
que les filles des hommes. Oui, je l'ai appelée des confins de l'espace afin
qu'ellebrillecommeuneLu   mièredanslemondedeshommes   .

J'ai utilisé le tambour du Serpent et j'ai porté la robe pourpre et or.
Sur ma tête j'ai placé la couronne d'Argent et autour de moi brillait le
cercle de cinabre. J'ai levé mes bras et j'ai proféré l'invocation qui ouvre
le sentier vers les dimensions de l'au-delà. C'est alors que j'ai appelé les
SEIGNEURSdesSIGNESdansleursmai   sons:

"Seigneurs des deux horizons, gardiens des triples portes, tenez vous
l'Un à ma droite et l'Un à ma gauche lorsque L'ÉTOILE S'ÉLÈVE SUR
SONTRÔNEetg ouvernedanssonsigne .Ettoi,obs curprinced'AR U-
LU, ouvre les portes de cette terre subtile et cachée relâche celle que tu
tiens prisonnier. Écoutez moi, écoutez moi, écoutez moi, vous les Seigneurs obscurs et vous les ÉCLATANTS LUMINEUX, en vertu des
noms secrets que je connais et que je peux prononcer, écoutez moi et
obéissezàmav   olonté."

J'ai alors enflammé le cercle et je l'ai appelé la Fille de lumière pour
qu'elle vienne des dimensions de l'au delà, du domaine D'ARULU. J'ai
traversé le feu sept fois et sept fois encore. J'ai jeûné sans prendre de li-
quide.

J'ai invoqué ARULU, du royaume d'EKERSHEGAL. J'ai invoqué la
femme de Lumière et c'est alors que devant moi sont apparus les signes
obscurs, oui, les signes des Seigneurs D'ARULU. Puis ils sont disparus
pourlais serplaceàlaDamedeLu   mière.

Elle était maintenant libérée des SEIGNEURS de la nuit, libre de vivre dans la lumière du Soleil terrestre, libre de vivre comme UNE ENFANTDELAL UMIÈRE.

Sois attentif et écoute moi, Ô mon enfant. La Magie est un savoir qui repose exclusivement sur la LOI. Ne crains pas le pouvoir qu'elle contientparcequ'elles'alignesurlaLOI,commelesétoilesdansleciel.

Sans le Savoir la Sagesse est magie mais n'est pas la LOI. Tu peux t'approcherda vantageduSo leilenpos sédantcesa voir.

Écoute moi, mon enfant, suis mon enseignement. Recherche sans cesse la LUMIÈRE. Brille dans le monde des hommes et devient une lumièrequiéclairelesen   tierdeshommes .

Suis moi et apprends ma magie. Sache que la force est avec toi si tu le veux. Ne crains pas le sentier qui te mènera vers la connaissance et évite le sentier ténébreux. La lumière est tienne, Ô homme, si seulement tu veux bien la prendre. Brise les chaînes qui te retiennent et tu seras libre.

Ton âme vit ligotée par ses craintes et ses peurs qui la gardent en esclavage. Ouvre tes yeux et vois le grand SOLEIL DE LUMIÈRE. Ne crains rien parce que tout ce qui devant toi est, est à toi. Sois le roi de lumièrequiprendpos   sessiondesonro yaume.

La peur est le Seigneur du ténébreux ARULU ; celui qui n'a jamais fait face à la peur noire. Sache que la peur est une vibration qui provient de ceux qui sont eux-mêmes enchaînés par leurs peurs. Débarrasse toi de tes limites, Ô mon enfant, et marche dans la lumière de cette journée glorieuse. Ne laisse pas tes pensées aller vers l'obscurité et tu seras UN AVECLAL UMIÈRE.

L'homme est le résultat de ses croyances, qu'il soit un frère des ténèbres ou un enfant de la Lumière. Viens dans la lumière mon enfant. MarchesurlaroutequiconduitauSo   leil.

Sois attentif et écoute ma sagesse. Utilise le mot que je t'ai donné. Utilise le et tu trouveras la clé qui te permettra de devenir à jamais un ENFANTDELAL UMIÈRE.

TABLETTE 11 : LA CLEF DE CE QUI EST EN HAUT ET DE CE QUI EST EN BAS

Écoute-moi et sois attentif, ô enfant de KHEM, à ces paroles que je tedonneetquit'ap   porterontlalu mière.

Sache, Ô homme, que j'ai connu tes pères et ceux qui furent les pèresdetespèresilyatrèslong   temps.

J'ai traversé les époques sans connaître la mort et pourtant j'ai vécu parmi vous depuis le début du savoir afin de vous sortir des ténèbres de la nuit et vous conduire vers la Lumière de la grande Âme vers laquelle jemedi rigesanscesse .

Sachez, vous les peuples parmi lesquels je marche, que moi Thoth, je possède la connaissance et toute la sagesse que les hommes ont accumulé depuis les jours anciens. J'ai été le gardien des secrets de la grande race, gardien de la clef qui mène à la vie. Depuis les jours ténébreux des origines,jet'aiap   portécesconnais sances,ômonen   fant.

Écoute maintenant mes paroles de sagesse. Écoute le message que je t'apporte. Écoute ces paroles que je t'apporte et tu seras élevé des ténèbresv erslaLu mière.

Il y a très longtemps, la première fois que je suis venu vers vous, je vous ai trouvé dans des cavernes rocheuses. Grâce à mon pouvoir et à ma sagesse je vous ai élevé pour que vous puissiez briller comme des hommes parmi les hommes. Oui, je vous ai trouvé sans aucune connaissance, juste un peu plus évolué que les animaux. J'ai alors allumé la flammedelaconsciencejus qu'àcequ'ellebrillepar   mileshommes .

Maintenant je vais te donner des connaissances anciennes qui dépassentlapen séeac tuelledetarace   .

Nous, de la grande Race, nous possédons un savoir qui dépasse de beaucoupcelledel'homme;unesa   gessequipro vientdesracesstel laires. Deg randsmaîtresdelasa   gessevinrentpar minousetjesuisl'und'eux.

Écoute pendant que je te livre cette sagesse. Utilise-la et tu deviendraslibre .

Sache que dans la pyramide que j'ai construit se trouvent les CLEFS quiv onttemon trerLAV OIEDELAGRANDEVIE.

Trace une ligne qui part de la grande image (sphinx ?) que j'ai construite et qui va aller jusqu'à l'apex de la pyramide, construite comme unpas sage.

Trace une autre ligne qui est opposée à la première, en angle et en dircction. En creusant à cet endroit tu trouveras ce que j'ai caché. L'entrée souterraine qui mène à des secrets qui y furent cachés avant les hommes.

Je vais maintenant t'entretenir sur le mystère des cycles qui se déplacent selon des mouvements qui sont étranges du point de vue du fini, puisqu'ilssontin finisetqu'ilsdé passentl'en tendementdeshommes .

Au total il y a NEUF CYCLES ; neuf en haut et quatorze en bas, qui se déplacent en harmonie vers un lieu de rencontre qui se trouve dans le futur. Les SEIGNEURS DES CYCLES sont des unités de conscience envoyéespouruni fierCE CIa vecleTOUT .

Ils sont à un niveau de conscience qui dépasse ces cycles et ils travaillentenhar moniea veclaLOI.

Ils savent que quelques part dans le temps tout sera parfait. Il n'y aura plus alors ni de haut, ni de bas, mais tout sera UN dans une perfectionin finie,dansunehar moniequirè gneradansl'UNI TÉDUTOUT .

Loin sous la surface de la terre, dans les CHAMBRES DE L'AMENTI, siègent les SEPT SEIGNEURS DES CYCLES, et un HUITIÈMEleSEI GNEURD'ENDES SOUS.

Sache néanmoins que dans l'infini il n'y a ni au dessus, ni en dessous. Iln'yaetiln'yau   raqueL'UNI TÉDUTOUTlorsquetoutse   raac hevé.

J'ai souvent voyagé dans les CHAMBRES DE L'AMENTI. Souvent je me suis présenté devant les SEPT SEIGNEURS DU TOUT. Je me suisabreu véàlafon tainedeleursa gesseetj'airem plimoncor psetmon âmedeleurLu mière.

Ils m'ont parlé des cycles et de la LOI qui leur donne les moyens d'exister.

LeSEI GNEURDUNEUFs'estalorsadres   séàmoi:

"Ô Thoth, tu es grand parmi les enfants de la terre mais il y a des mystères que tu ignores. Sache que tu proviens d'un espace-temps en dessous et que tu voyageras dans un espace-temps au dessus. Mais tu ne connais pas grand chose des mystères qui se cachent dans ces dimensions.

Sache que tu es un tout dans cette conscience et que tu es en même tempsunecel luledansunpro cessusdecrois sance.

La conscience sous-jacente à toi est en constante expansion et cela selon des modes différents que ceux que tu connais. Elle est également différente selon les êtres, même s'ils sont proches de toi. La façon dont tu t'es développé et qui se poursuit dans le présent fait en sorte que tu es un être qui est à la fois une cause et un effet. Aucune conscience ne revient sur le sentier qu'elle a déjà parcouru sinon tout ne serait que vaine répétition.

Chaque conscience de cette époque suit son propre chemin jusqu'à lafinul time.

Chacune joue son rôle dans le Plan du Cosmos. Plus son cycle est grandetplusg randesontsesca pacitésetsesconnais sancespourfu sionnera veclaLoiduT out.

Ceux qui se situent au niveau des cycles plus petits travaillent sur des portions mineures de la Loi, alors que, nous qui sommes du cycle qui s'étend jusqu'à l'infini, nos efforts nous conduisent à élaborer une plus grandeLoi.

Chacun a sa partition à jouer dans les cycles. Chacun a un travail à complétersursav oie.

Le cycle en dessous n'est pas vraiment en dessous mais il est là en fonctiond'unbe soin.

La fontaine de la sagesse qui propulse tous les cycles est constammentàlare cherchedenou veauxsa voirsetdenou veauxpou voirs.

L'acquisition de nouvelles connaissances repose sur la pratique, et la sagessepro vientseule mentdusa voir.

Tous les cycles proviennent de la Loi. Ils sont des moyens d'augmenter la conscience puisque la Loi est sur un plan qui est à la source du TOUT.

Le cycle qui se trouve en dessous n'est pas vraiment en dessous mais dans un autre espace et un autre temps. C'est pourquoi il ne vibre pas au même niveau. Mais la conscience de ce niveau travaille et élabore des chosesquivibrentàunni veauin férieurqueletien.

Ce qui est en haut est comme ce qui est en bas. Sache donc que tout comme tu travailles à un niveau supérieur, il y en a d'autres qui sont au-dessusetquitra vaillentsurunautreplana vecd'autreslois .

La seule différence qu'il y a entre les cycles est dans la capacité de travaillera veclaLoi.

Nous, qui travaillons dans des cycles au delà, sommes ceux qui avons émergés les premiers de la SOURCE. Dans notre périple à travers l'espace temps nous avons acquis la capacité d'utiliser des Lois tellement vastes qu'elles dépassent de beaucoup la conception de l'homme. En fait il n'y a rien qui soit en dessous de toi, ce sont seulement des façons différentesd'uti liserlaLOI.Cequiestenhautestcommecequiestenbas   . Parce que tout est contenu dans l'UNITÉ qui est la source de la LOI. La conscience qui est en dessous est une partie de toi tout comme nous sommesunepar tiedetoi.

Toutefois, l'enfant ne possède pas le même savoir que lorsqu'il est devenu un adulte. Compare ceci avec les cycles que traverse l'homme dans son voyage de la naissance à la mort et voit que le cycle en dessous est comme l'enfant avec les connaissances qu'il possède ; ensuite regarde toi comme l'enfant devenu adulte et qui avance en sagesse et en savoir à mesure que le temps passe. Il en est de même des cycles de conscience, des enfants à différents stages de leur croissance et pourtant tous proviennent d'une source unique ; la sagesse et tous y retourneront à nouveau."

Il cessa ensuite de parler pour siéger dans le Silence des Seigneurs. Plustardils'adresseànou   veauàmoi:

"Ô Thoth, il y a longtemps que nous siégeons dans l'Amenti pour préserver la flamme de la vie. Pourtant nous sommes conscients que nous sommes à l'intérieur de ces grands cycles bien que notre vision nousper mettedev oiraude là.

Malgré tout, à nos yeux rien n'est plus important que la croissance perpétuelle de notre Âme. Nous savons que la chair est passagère. Les choses qui comptent pour les hommes ne sont rien pour nous. Nos aspirationsdé passentlecor ps,nousvi sonsàper fectionnernotreâme .

Lorsque les hommes sauront enfin que rien ne compte plus que la progression de l'Âme ils seront libres de tous les asservissements et pourronttra vaillerli brementenhar moniea veclaLoi.

Sache, Ô homme, que tu dois aspirer à la perfection parce que c'est ainsi que tu atteindras le but. Tu dois savoir que rien n'est parfait et pourtanttudoisenfairetonas   pirationettonbut."

La voix de Neuf cessa et ses paroles s'engloutirent dans ma conscience.

Maintenant je recherche sans cesse plus de sagesse afin que je sois pluspar faitetpourmerap   procherdelaLOIDUTOUT   .

Bientôt je descendrai dans les Chambres de l'Amenti pour vivre près de la flamme froide de la vie. Ceux à qui j'ai enseigné ne me verront plus jamais.J evi vraipourtou joursdanslasa   gessequej'aien   seignée.

Tout ce que l'homme est provient de sa sagesse. Il est le résultat de saproprecause .Ilestlecréa   teurdesaréa   lité.

Écoutemain tenantmav oixetde vientplusg randquel'hommecom-mun. Regarde vers le haut et laisse la Lumière remplir ton être, deviens à jamais un Enfant de la lumière. Par tes efforts tu progresseras pour at-teindreleplanoùlaLu   mièreestLETOUTDUTOUT   .

Tu deviendras le maître de tout ce qui t'entoure plutôt qu'être maîtri-séparlesef fetsdetavie .

Tu seras une cause parfaite et avec le temps tu deviendras un Soleil de Lumière. Libre, laisse ton âme s'élever, libre des chaînes et des en-travesdelan uit.

Lève tes yeux vers le Soleil dans le ciel et qu'il devienne pour toi un symboledevie .

Sache que tu es la Grande Lumière, qui sera parfaite dans sa sphère lorsquetuse rasen finlibre .

Ne regarde plus dans les ténèbres. Élève tes yeux vers le firmament. Laisse monter librement ta flamme de lumière et tu deviendras un EnfantdelaLu   mière.

TABLETTE 12 : LA LOI DES CAUSES ET DES EF-FETS ET LA CLEF DE LA PROPHETIE

Écoute, Ô homme, mes paroles de sagesse, écoute la voix de Thoth, l'Atlante.

J'ai conquis la Loi de l'espace-temps. J'ai acquis la connaissance des tempsfu turs.

Je sais que l'homme dans son mouvement à travers l'espace-temps seratou joursUNa vecleTOUT .

Sache, Ô homme, que le futur est un livre ouvert pour celui qui peut lire.

Chaque effet laisse paraître ses causes et tous les effets proviennent delacausepre mière.

Sache que le futur n'est pas fixe et prédéterminé mais qu'il peut va-rier.T outcommeunecausepro voqueunef fet.

Regarde bien la cause que tu veux manifester et tu verras certaine-mentsonef fet.

À l'origine de la création, il y eut la Cause première qui provoqua la manifestationdeTOUTCEQ UIEST .

Toimême ,tuesl'ef fetd'unecauseetaus silacaused'autresef fets.

C'estpour quoi,Ôhomme ,as suretoiquelesef   fetsquetupro voques seronteuxmêmeslescausesd'ef   fetsquise rontpar faits.

Le futur n'est jamais figé mais il est déterminé par la libre volonté de l'homme au fur et à mesure où il se déplace à travers l'espace-temps jusqu'AUMO MENTOÙCOM MENCEUNTEMPSNOU VEAU.

LA FIN DES TEMPS EST LE DÉBUT D'UN TEMPS NOUVEAU.

L'homme peut lire le futur en examinant attentivement les causes et leursef fets.

Chercheàtra verslacau salitéettutrou verassû rementlesef fets.

MAIS QUE FAIRE LORSQUE LES CAUSES SONT TELLEMENT COMPLEXES ET NOMBREUSES QU'IL EST IMPOSSIBLED'ÉT ABLIRUNELIGNEDI RECTRICE?

ALORSSIM PLIFIET AVIE.

Écoute, Ô homme, je te parle du futur et des effets qui suivent une cause. Sache que l'homme dans son voyage vers la lumière cherche à échapper aux ténèbres de la nuit qui l'entourent comme les ombres qui entourent les étoiles dans le ciel. Comme ces étoiles dans l'espace lui aussibrille raàtra verslesombresdelan   uit.

Sades tinéeg randiosev atou joursleconduireena   vantjus qu'aupoint oùilse raUNA VECLAL UMIÈRE.

Même si sur sa voie il doit passer au milieu des ombres, devant lui brilleàja maislaGrandeLu mière.

Sa voie est obscure mais il doit conquérir les ombres qui coulent autourdeluicommelan   uit.

Le grand fleuve de la nuit sur lequel la barque solaire navigue à jamais.

Loin dans le futur, je vois les hommes de la lumière, libres des griffes des ténèbres qui enchaînent leur Âme. Ils vivent dans la Lumière, libresdesc haînesdel'obs curitéquicouvrentlalu mièrequiestlalu mière deleurÂme .

Sache, Ô homme, qu'avant d'atteindre cet état il y aura plusieurs ombres obscures qui voileront ta lumière et qui tenteront de noyer dans lesté nèbreslalu mièredel'Âmequiv eutseli bérer.

Ce combat entre la lumière et l'obscurité est titanesque, très ancien etpour tanttou joursnou veau.

Pourtant, sache qu'il y aura un temps, loin dans le futur, où LA LU-MIÈRESE RATOUTetoùl'obs curités'év anouira.

Soisat tentifâmespa rolesdesa gesse,Ôhomme .

Soisprêtetvi gilant,etja maistalu mièrenese raobs curcie.

L'homme monte et descend au fur et à mesure que de nouvelles vagues de conscience arrivent du grand abysse pour se diriger vers le So-leil de leur but. Oui, mon enfant, tu proviens d'un état à peine supérieur à celui de la bête et maintenant te voilà à cet instant où tu brilles au des-susdeshommes .

Autrefois, il y en eu des êtres bien plus grand et pourtant eux aussi sonttom bés.C'estain siquetuar riverasàtafinencemonde .

Et sur le sol que tu foules maintenant se tiendront des barbares qui eux aussi monteront en leur temps vers la lumière. L'ancienne sagesse seraou bliée,maisellevi vradis simuléedeshommes .

Sur la terre que tu appelles Khem (Égypte) des races nouvelles vien-dront et d'autres disparaîtront pour être oubliées par les enfants des hommes. Mais toi tu auras rejoint un espace-étoile de l'au-delà en lais-santder rièretoiceten droitquetuau rasha bité.

L'âme de l'homme est toujours en mouvement, sans limite, une étoile qui file dans l'infini vers ce grand but où elle fusionnera avec la LUMIÈREDUTOUT .

Une lumière dans la lumière. Voilà ce que tu es maintenant si tu sais convertirtonre gard.

TU AVANCERAS TOUJOURS, SOUTENU PAR LA LOI DE LA CAUSE ET DE L'EFFET JUSQU'AU MOMENT OÙ LES DEUX DEVIENDRONTUN .

LA CAUSE ET L'EFFET FUSIONNERONT DANS LA LU-MIÈRE.

Oui,lorsquetuse raspar ti,d'autresoc cuperontleter ritoiresurle quel tuha bites.Maisparssanscraintev erslalu mière.

Le savoir et la sagesse seront oubliés et seule la mémoire des Dieux survivra.

Tout comme je suis un Dieu par mon savoir, toi aussi tu seras un Dieudufu turparcequetonsa voirestin finimentsu périeurauleur .

Pourtant rappelle toi qu'à travers toutes les époques, l'homme peut avoirac cèsàlaLoi,im médiatements'illev eut.

Dans l'époque qui viendra, on verra un renversement des valeurs et une altération de la sagesse pour ceux qui prendront ta place sur cette étoile.

C'est pourquoi ils devront à leur tour entreprendre la longue marche verslasa gesseetap prendreàéloi gnerlesté nèbresparlaLu mière.

A leur tour, ils devront persévérer à travers l'espace-temps pour s'éleverdanslali bertédelaLu mière.

Plusieurs qui sont enchaînés dans les ténèbres vont tenter d'en empêcher d'autres de s'élever vers la clarté. Ce qui causera une grande guerrequife ratrem blerlaT erreetl'ébran lerdanssacourse .

Les Frères de l'obscurité vont provoquer un conflit entre la lumière etlan uit.

Lorsque l'homme aura conquis les océans et qu'il volera dans les airs avec des ailes comme les oiseaux ; lorsqu'il aura appris à maîtriser le pouvoirdeséclairs;alorsletempsdelaguer   recom mencera.

Il y aura un combat titanesque entre les forces des ténèbres et les forces de la lumière. Les nations s'élèveront contre les nations en utilisant les forces obscures pour dominer la terre. Des armes redoutables effacerontlamoi tiédeshommesdelasur   facedelater re.

Jusqu'au jour où les fils de l'Aurore viendront parmi les hommes et leur diront : "Cessez de combattre vos frères. Ce n'est qu'ainsi que pourra revenir la lumière. Cessez vos doutes, suivez le chemin et sachez que vousêtestousV   rai."

Ce jour, les combats cesseront entre le frère contre son frère et le pèrecontresonfils .

C'est alors que la Terre se soulèvera et que du fond des mers surgiront les vestiges des temples et des maisons que mon peuple habitait autrefois.

L'Âge des lumières viendra ensuite et tous les hommes poursuivront la Lumière du but. Les Frères de la lumière régneront et chasseront les ténèbresdelan uit.

Les enfants des hommes pourront alors progresser et s'élever vers le grandbutpourde veniràleurtourdesen   fantsdelaLu mière.

Lesâmesse rontpourtou joursunef lammedanslag randef lamme.

Durant l'âge d'or, la sagesse et le savoir appartiendront à l'homme. Il s'approchera de la flamme éternelle, la SOURCE de toute sagesse, l'originedetoutec hosequiestenmêmetempsUNEa   veclafindetout.

Oui, dans cette époque à venir, TOUT SERA UN ET UN SERA TOUT. Et l'homme, cette flamme parfaite du Cosmos, prendra place parmi les étoiles. Il pourra même dépasser cet espace-temps pour aller dansunedi mensionau-de làdesétoiles .

Tu as été très attentif à mes paroles et à ma sagesse, Ô mon enfant. Maintenant je dois partir pour les ténèbres. Maintenant je vais dans les

CHAMBRES DE L'AMENTI, pour ouvrir les portes de ce futur où la Lumièrere viendrapar mileshommes .

Sache que mon Esprit sera toujours avec toi pour te guider sur le sentier de la Lumière. Garde précieusement les secrets que je t'ai confiés et mon esprit te gardera à travers la vie. Garde toujours ton attention sur lesen tierdelasa gesse.Quelalu mièresoittou jourstonbut.

Ne laisse pas ton âme être envahies par les ténèbres ; laisse la voler librementv erslesétoiles .

Maintenant je dois retourner habiter dans l'Amenti. Tu restes mon enfant, dans cette vie et dans la prochaine. Mais viendra le jour où toi aussi tu ne connaîtras pas la mort. Tu seras une lumière permanente parmileshommesd'uneépoqueàl'autre   .

Préserve l'entrée qui mène dans les CHAMBRES DE L'AMENTI. Préserve les secrets que je t'ai confiés. Ne laisse pas cette sagesse aux mains des barbares. Conserve ce secret pour ceux qui cherchent la Lumière.

Maintenant je m'en vais. Reçois ma bénédiction. Suis ma voie qui conduira vers la Lumière. Baigne ton âme dans La Grande Essence. Que taconsciencede vienneUNEa veclaGrandeLu mière.

Tu peux m'appeler quand tu veux. Prononce mon nom trois fois en ligne:

CHEQUETET,ARE LICH,V OMALITES.

TABLETTE 13 : LES CLEFS DE LA VIE ET DE LA MORT

Écoute moi, Ô homme, écoute ma sagesse. Sois attentif à la parole qui te remplira de la Vie. Sois attentif à la parole qui bannira les ténèbres,àlav oiequiban niralan uit.

J'ai apporté à mes enfants des mystères et une grande sagesse ; un savoiretunpou voirquipro viennentdelaplushautean   tiquité.

Ne sais-tu pas que tout sera ouvert lorsque tu trouveras l'unité de toute chose ? Tu seras alors un avec les maîtres des mystères, conquérantsdelaMor   tetMaîtresdelaVie   .

Tu apprendras que dans la fleur de l'Amenti la vie bourgeonne et brilledanslesChambres   .

Tu peux atteindre les Chambres de l'Amenti en esprit et rapporter la sagessedesalu   mière.

Sache que le passage qui mène au pouvoir réside dans le plus grand secret. Un secret qui n'est pas du domaine visible mais dans l'esprit invisible.

Sachequelepas   sagepoural leràlaviepasseparlamor   t.

Oui, tu dois passer par la mort, mais pas la mort que tu connais. Il s'agitd'unemor   tquiestunevie   ,unfeuetuneL   UMIÈRE.

Tu veux connaître le mystérieux secret ? Alors regarde au fond de ton cœur, c'est là que le secret est dissimulé. Le secret est caché en toi ; là est la source de la vie et la source de la mort.Écoute moi bien, ô homme,jev aisteré vélerlese cretdesan ciens.

Dans les profondeurs de la terre se trouve la fleur, la source de l'esprit qui est lié à toute chose. Au cœur de la terre il y a une vie qui bat au même titre qu'une vie se cache dans ta forme humaine.La fleur de vie de la terre est comme la tienne, elle rayonne partout dans cette sphère, comme le sang rayonne partout dans ton corps. Elle apporte la vie à la terreetàtoussesen   fantsetre nouvellel'es pritd'unefor meàl'autre .

Voilà d'où provient l'esprit qui anime ton corps et qui le moule et le façonnedanssafor   mehu maine.

Sache ici, ô homme, que ta forme est double et qu'un équilibre de cettepo laritéestpré sentdanstouttoncor   ps.

. Sache que lorsque la MORT s'approche rapidement, c'est parce que cet équilibre est ébranlé. Un des deux pôles est en excès par rapport à l'autre.

Un corps en parfait équilibre ne peut jamais être touché par le doigt delamor t.

Mêmeunac cidentn'ar rivequesicetéqui   libreestper du.

Lorsquetuesenéqui   libretupeuxvi vresansg oûteràlamor t.

Sachequetuexistesdufaitqu'unéqui   libreexisteentredeuxpôles   .Si l'un des pôles diminue au profit de l'autre la vie s'épuise rapidement. La Mort froide s'approche et va introduire un changement dans cette vie déséquilibrée.

Sache que le secret de la vie dans l'AMENTI est le secret qui consisteàres taurercetéqui libreentrelesdeuxpôles   .

Tout ce qui existe a une forme et vie à cause de l'esprit de vie qui se trouvedanssespôles   .

Ne vois-tu pas que l'équilibre de toute chose qui existe se trouve dans le cœur de la Terre ?La source de ton Esprit est tirée du cœur de la terre parce que à travers ta forme tu es un avec la Terre. Lorsque tu as appris à maintenir l'équilibre en toi tu peux t'appuyer sur l'équilibre de la Terre.

Ton existence est liée à l'existence de la terre et tu changeras de forme lorsque la terre changeras de forme. Sans goûter à la mort tu es un avec cette planète et tu maintiens ta forme jusqu'au moment où tout finira.

Écoute ce secret, ô homme, pour que toi aussi tu ne subisses pas le changement.

À chaque jour, durant une heure, tu t'allongeras avec la tête pointant vers le pôle positif (nord). Durant cette période tu focaliseras ta conscienceentrelapoi trineetlatête .

À chaque jour, durant une autre heure, tu t'allongeras avec la tête dans la direction du pôle négatif (sud). Durant cette période tu focaliserastaconscienceentrelapoi trineetlespieds .

Maintiens cet équilibre une fois par sept et il gardera toute ta force et ta splendeur. Même lorsque tu seras très âgé ton corps se régénérera ettaforcese racelledesjeunes .

Voilà le secret connu des maîtres qui se gardent loin des doigts de la mort.

Ne t'écartes pas du chemin que je t'indique car lorsque tu auras passé le cap du centenaire, cette négligence te coûtera la vie. Écoute mes paroles et suis ma voix. Elle te permettra de conserver l'équilibre et de vivretavie .

Et maintenant écoute la sagesse que je te donne à propos de la Mort.

Lorsque tu auras terminé ton oeuvre, viendra le moment où tu voudras passer de cette vie pour aller vers la dimension où vivent les Soleil du matin et les enfants de la lumière ; trépasser sans douleur et sans regretv erslemondeoùsetrouv elalu mièreéter nelle.

Tout d'abord allonge toi avec la tête qui pointe vers l'est. Replie tes bras sur la Source de ta vie (plexus solaire) comme tu peux le voir sur les images de l'Égypte ancienne. Focalise ta conscience sur le côté gauche (sud) et imagine qu'elle provoque un tourbillon qui rejoint ton coté droit (nord);cequisé parelehautetlebasdetoncor   ps.

Ensuite projette toi le long de ce tourbillon vers le nord et ensuite verslesud.Dé tendtoietmain tienstaconsciencelelongdecetax   e.

La corde d'argent ainsi formée se projettera vers le Soleil du matin oùellefu sionneraa veclaLu mièreetse raUnea veclasource .

Tu te maintiendras dans la flamme éternelle, jusqu'à ce que, à nouveau, revienne le désir de revenir dans un lieu et dans une forme donnée.

(There is shall flame till desire shall be created. Then shall return to aplaceinafor   m.)

Sache, Ô homme, que c'est ainsi que les grandes Âmes passent et se transforment à volonté d'une vie à l'autre. C'est ainsi que les Avatar passent,ar rivantàdé sirerleurMor tdelamêmefa   çonqu'ilsdé sirentleur vie.

Mais il y a une clé qui permet de placer la conscience afin que la mémoire puisse être transporté d'une incarnation à l'autre. Abreuve toi de masa gesse,ôhomme .Ap prendsicilese cretquiteren draMAÎTREDU TEMPS. Apprends comment ceux que tu appelles les Maîtres sont capables de se souvenir de leurs vies passées. C'est un grand secret et pourtantilestfa cileàmaî triser;ce luiquitedonnelamaî   trisedutemps .

Lorsque le moment de la mort approche rapidement, ne craints pas et sache que tu es le maître de la Mort. Détends ton corps et ne résiste pas.

Focalise la flamme de ton Âme sur ton cœur et emporte-la vers le siège du triangle formé par tes bras. Retiens-la un moment et ensuite déplace toi vers le but. Ce but est situé entre tes deux sourcils, à l'endroit où la mémoire de la vie doit régner. Maintiens fermement ta conscience dans le siège du cerveau jusqu'au moment où les doigts de la mort viendront prendre ton âme. De cette façon, lorsque tu passeras à travers l'état de transition, les souvenirs du passé viendront avec toi. C'est à ce moment que le passé deviendra UN avec le présent et que la mémoire serapré servée.Decettefa çontuse rasli bérédesré gressionsetlesac quis dupas sévi vrontdanslemo   mentpré sent.

Homme, tu viens d'entendre la voix de ma sagesse. Suis ma voie et puissestuvi vresàtra verslesâg escommemoijelefais   .

TABLETTE 14 : AU COEUR D'UNE GRANDE SA-GESSE

É coute moi bien, ô homme, nous allons plonger au cœur d'une grande sagesse qui s'est perdue depuis l'époque des Gardiens et que les hommes ont oublié à travers les âges. Sache tout d'abord que cette terre est avant tout une porte inter dimensionnelle, gardée par des pouvoirs inconnus des hommes. Le Seigneur ténébreux en gardent l'entréequimènesuruneter   recé leste.

Il sait que la voie qui mène vers la sphère de ARULU est gardée par des barrières qui ne peuvent être ouvertes que par l'homme qui vient de la LUMIÈRE. Sur cette terre, je suis le dépositaire des clefs qui ouvrent lespor tesdelaT   erresa crée.

J'ai reçu l'ordre des grands pouvoirs au-dessus de moi de laisser ces clefsdis poniblespourl'hommequic   herche.

Avant mon départ je veux te donner les secrets qui te permettront de te libérer de la servitude des ténèbres et des chaînes de la chair pour t'éleverdel'obs curitév erslaLu mière.

Sache que l'âme doit être nettoyée de toutes ses obscurités avant d'entrerdanslepor   taildelaLu mière.

C'est pourquoi j'ai mis en place les mystères afin que ces secrets puissent être découverts. Même si l'homme sombre dans l'obscurité il pourra toujours se fier sur la Lumière comme guide. Cachée dans l'obscurité, voilée par des symboles, il sera toujours possible de trouver la voiequiconduitaupor   taildelalu mière.

Dansl'a venirl'hommev anierlesm ystèresmaislec hercheurau thentiquesau ratou jourstrou verlav oie.

Maintenant je te demande de garder précieusement mes secrets et de les transmettre seulement à ceux que tu auras mis à l'épreuve. Ceci afin que la voie juste ne soit jamais corrompue et que le pouvoir de la Vérité puissepré valoiràja mais.

Écoute moi bien attentivement maintenant je vais te découvrir le Mystère. Sois attentif aux symboles des mystères que je te donne. Fonde une religion parce que ce n'est qu'ainsi que l'essence de ces mystères pourrasur vivre.

L'âme qui quitte cette terre parcourt deux régions entre cette vie et la vie divine. La DOUAT où se trouvent les pouvoirs de l'illusion et SEKHETHETS PETlero yaumedesDieux.

OSIRIS est le symbole du gardien du portique. C'est lui qui repousse lesâmesdeshommessansmé   rite.

Au delà se trouve ARULU, la sphère de ceux qui sont nés du ciel. La terre des Grands êtres. Lorsque mon travail parmi les hommes sera terminéj'irailesre joindredansmamai sonan cestrale.

Il y a SEPT maisons dans le royaume des puissants et TROIS gardes devant le portail de chacune de ces maison. Il y a QUINZE voies pour atteindrelaDOU AT.

Les maisons des Seigneurs de l'Illusion sont au nombre de DOUZE. Chacuneestdif férenteetpointedansl'unedesquatredi   rections.

Les grands pouvoirs qui jugent le Mort qui recherche l'entrée sont aunombredeQ UARANTEDEUX.

Les Fils d'Horus sont QUATRE. Il y a deux gardiens de l'est et de l'ouest. ISIS est la mère qui intercède pour ses enfants, c'est la Reine de la lune qui reflète le Soleil. BA est l'essence qui vit pour toujours. KA est l'ombre que l'ombre que l'homme appelle la vie. BA ne vient pas tant queKAnes'estpasin   carné.

Voilà les mystères qu'il faut préserver à travers les âges. Ce sont les clésdelavieetdelaMor   t.

Écoute maintenant le mystère des mystères ; découvre le cercle qui n'a ni commencement ni fin, la forme de celui qui est UN ET LE TOUT.

Écoute et comprends, va et applique-le, ainsi tu voyageras sur ma voie.

Mystèredetouslesm ystèresleGrandse cretquejev aisteré vélerest pourtantclairpource luiquiestnédelalu   mière

Je vais déclarer un secret d'initié qui restera incompréhensible pour le profane. TROIS est le mystère qui provient de l'UN. Écoute et la lumière va descendre sur toi. Dans l'ancien des origines se trouvent trois unitésende horsdes quellesriennepeutexis   ter.

Ces trois sont l'équilibre, la source de la création. Un Dieu, une vérité, un point de liberté. Le trois provient du trois de l'équilibre : toute la vie,toutelaman suétude,toutlepou voir.

Les attributs de Dieu dans sa maison de Lumière sont trois : pouvoir infini,sa gessein finie,amourin fini.

Il y a trois pouvoirs qui sont donnés aux maîtres : transmuter le mal, favoriserlebienetfairepreuv   ededis crimination.

Dieu réalise trois choses inévitables : manifester le pouvoir, la sagesseetl'amour .

À ces trois choses se rattachent trois pouvoirs qui créent toutes choses : l'Amour Divin possède la connaissance parfaite ; la Sagesse Divine connaît tous les moyens possibles et le Pouvoir Divin est acquis par lav olontécom munedel'AmourDi vinetdelaSa   gesse.

L'existencecom portetroiscercles:LecercledelaLu   mièreoùré side Dieu et que lui seul peut traverser ; le cercle du Chaos où toutes les choses de la nature émergent de la mort ; le Cercle de la conscience où touteslesc hosespro viennentdelavie   .

Touteslesc hosesani méesonttroisstadesd'exis   tence:lec haosoula mort,lali bertéhu maineoulafé   licitéduCiel.

Les choses sont régies par trois nécessités : le commencement dans l'Abysse,leCercleduc   haosetlaplé   nitudeduCiel.

L'âmeatroisv oies:L'homme ,laLi bertéetlaLu   mière.

Il y a trois obstacles : le manque de volonté à obtenir le savoir ; le non-attachementàDieu,l'at   tachementaumal.

Les trois se manifestent dans l'homme. Les Rois de ces pouvoirs intérieurs sont trois. Dans le corps de l'homme il y a trois chambres de mystères qui sont connues et inconnues. Et maintenant écoute celui qui est libéré et qui surpasse les servitudes de la vie pour aller vers la lumière.

Sachant que la source de tous les mots doit s'ouvrir. Oui, même les portes d'Arulu ne pourront rester fermées. Et pourtant fais attention Ô homme qui veut entrer au Ciel. Si tu n'as pas le mérite requis il serait préférablequetutombesdanslefeu.

SachequelesCé lestespassentàtra   verslaf lammepure .Ac haqueré volutiondescieuxilssebaignentdanslafon   tainedeLu mière.

Écoute bien ce mystère Ô homme : Il y a longtemps, bien avant la naissance de l'homme, j'ai habité l'antique Atlantide. C'est là que dans le

Temple j'ai bu à la sagesse qui m'était versée comme une fontaine de Lumièreparleg ardien.

J'ai obtenu les clefs pour réaliser mon ascension dans la lumière de ce Grand Monde où je me suis présenté devant le Saint des saints qui siège dans la fleur de feu et qui est voilé par les éclairs de l'obscurité pourévi terquemonâmesoitmiseenéclatparsaGloire   .

Aux pieds de son trône de diamant il y avait quatre rivières de flamme qui se déversaient vers les mondes des hommes à travers les nuages.

La salle du trône était remplie des Esprits du ciel. Ce palais des étoiles était vraiment une merveille. Au dessus du ciel, comme un arc en cieldefeuetdeso   leillesEs pritsétaientfor méspourc hanterlagloiredu Saint UN. C'est alors que du milieu du feu une voix céleste se fit entendre:"ContemplelagloiredelaCausepre   mière."

J'ai vu cette Lumière qui se tient au dessus de toute obscurité et qui reflètemonpropreêtre .J'étaispar venude vantleDieudesdieux,l'Es   prit Soleil, le Souverain qui règne sur les étoiles des sphères. La voix se fit à nouveauen tendre:

"Il y a l'Un, le premier, qui n'a ni commencement ni fin, qui a créé toute chose, qui gouverne tout, qui est bon, qui est juste, qui illumine et quisup porte"

C'est alors qu'une lumière intense se répandit du trône pour encercleretéle vermonâmeg râceàsonpou voir.

C'est alors que je me suis déplacé rapidement à travers les cieux pour découvrir les mystères des mystères, pour voir le cœur du cosmos et pour finalement être transporté sur la terre d'Arulu et comparaître devant les Seigneurs dans leur maison céleste. Ils ouvrirent les portes pour que je puisse contempler le chaos primordial. Mon âme frissonna devant cettevi siond'hor reuretjemere   tiraidecetocéand'obs   curité.

Je compris la nécessité de cette barrière entre les deux mondes et je compris pourquoi les Seigneurs d'Arulu l'avait mise en place. Seulement eux, dotés de cet équilibre infini avaient le pouvoir de bloquer la voie du chaos.Seule menteuxpou vaientpré serverlacréa tiondeDieu.

C'est alors que j'ai passé devant le cercle du huit pour rencontrer les âmes qui avaient conquis l'obscurité et voir la splendeur de la lumière où ilsré sidaient.

J'ai désiré prendre place dans le cercle mais j'ai aussi voulu poursuivre ma voie et choisir l'œuvre qui me convenait. J'ai traversé les chambres d'Arulu pour revenir sur terre où mon corps repose. Je me suis levé de mon repos et je me suis avancé devant le Gardien où j'ai fait le vœu de renoncer à tous mes droits jusqu'au moment où mon travail sur la terre serait complété, lorsque l'âge des ténèbres sera enfin terminé. Alors, écoute moi bien, ô Homme. La parole que je vais te confier contientl'es sencedelavie .

Avant que je retourne dans les chambres de l'Amenti, je dois enseigner le Secret des secrets, de façon à ce que toi aussi tu puisses t'élever danslaLu mière.

Garde bien cette parole et cache ses symboles afin que le profane ne puisseenrirepouren suiteyre noncer.

Dansc haquepa ys,tufor meraslesm ystèresafinquelec hercheurauthentique puisse travailler dur pour les découvrir et que le lâche et l'aventuriersoientécar tés.

C'estain siquelesse cretsse rontdis simulésetpré servésjus qu'aumomentoùlarouedutempsau ratour né.

Mais sois rassuré, à travers l'âge des ténèbres, mon esprit attendra et veilleraàpar tirduro yaumeca ché.

Lorsque tu auras passé toutes les épreuves tu pourras m'appeler avec la Clé que je vais maintenant te donner. Alors, moi l'Initiateur, je répondrai à ton appel et je viendrai du royaume des Dieux au plus profond de l'Amentipourtrans mettreàl'ini tiélespa rolesdepou voir.

Je te préviens, ne me présente pas quelqu'un qui manque de sagesse, dont le cœur est impure ou dont la volonté est faible. Si c'est le cas, je te retirerailepou voirdem'ap pelerdespro fondeursoùjesom meille.

Va et conquiert l'élément ténébreux. Exalte en toi la quintessence de lalu mière.

Va et appelle tes frères afin que je puisse répandre la sagesse de ma lumièrepouréclai rerleurv oielorsquejese raipar ti.

Viens dans la chambre, sous le temple. Assure-toi de jeûner durant trois jours. Alors je te donnerai la quintessence de ma sagesse et ton pouvoirbrille rapar mileshommes .

Je te donnerai les secrets qui te permettront de montrer dans les cieuxetquife rontdetoiunhommedieudanstones sence.

Va maintenant afin que je puisse invoquer ceux que tu connais et qui pourtantneconnaissentpas .

TABLETTE 15 : LE SECRET DES SECRETS

Et maintenant vous êtes tous rassemblés mes enfants. Vous attendez que je vous livre le secret des secrets qui vous procurera le pouvoir de manifester le Dieu fait homme et qui vous donnera le chemin vers la vie éternelle. Je vais parler ouvertement de ces mystères. Il n'y aura pas d'énigme ni d'allusions voilées dans mes propos. Ouvrez bien vos oreilles mes enfants. Ouvrez vous et obéissez aux paroles que jev aisdon ner.

Tout d'abord je vais vous parler des chaînes des ténèbres qui vous retiennent dans la sphère de la Terre. La lumière et l'obscurité sont de même nature, elles diffèrent seulement par leur apparence, puisque chacune provient de la source unique du Tout. L'obscurité est le désordre. La lumière est l'ordre. L'obscurité transmutée devient la Lumière de la Lumière.V oilàmonen fantquelestlesensdetavie:trans   muterl'obs curité en lumière. Est-ce que tu comprends maintenant le mystère de la nature;v ois-tulare lationentrelavieetlaT   errequilapor te?

Sache que ta nature est triple en Un ; physique, astrale et mentale. Chacune de ces trois dimensions comporte trois qualités ; pour un total deneuf .Cequiestenbasestcommecequiestenhaut.

PHYSIQUE

Dans le physique se trouvent des canaux qui transportent le sang dans un mouvement vertical. Il réagit aux battements du cœur. Le sang est propulsé par battement. Dans le système nerveux le magnétisme se déplace pour rejoindre et nourrir les cellules et les tissus. Il y a aussi des canaux subtils qui véhiculent l'Akasa. Ces canaux sont subtils mais néanmoins physiques. Chacune de ces trois dimensions est reliée aux autres, chacune affectant la vie du corps. Finalement, il y a l'éther qui se propage à partir du système osseux. Le secret de la vie dans le corps repose sur la maîtrise de ces forces. L'adepte renonce à utiliser ces forces lorsqu'ilar riveaupointoùlebutdesavieestac   compli.

ASTRAL

L'astral qui est le médiateur entre le haut et le bas est triple de nature. Il n'est pas physique, il n'est pas spirituel mais capable de se mouvoirdel'unàl'autre   .

MENTAL

Le mental est également triple. Il transporte le vouloir de Grand UN. Dans cette vie, c'est lui qui arbitre les rapports entre la cause et l'effet

Lepou voirduquatredi rigeletrois ,àpar tirdel'au-de là.A udes suset au-delà de la nature trinitaire de l'homme se trouve le royaume du Soi Spirituel.

Ce "Je" supérieur possède quatre qualités qui rayonnent dans chaque plandel'exis tence.Maislenombrem   ystiqueest13en1.

Les frères sont basés sur les qualités de l'homme ; chacun oriente le déploiementdel'être ,c hacunestunca nala vecleGrandUn.

Sur cette terre, l'homme est lié à l'espace et au temps propre à la dimension terrestre. Autour de chaque planète du cosmos se trouve un filet d'énergie qui la maintient dans sa dimension propre. Pourtant, à l'intérieur de l'homme se trouve la Clef qui permet à l'homme de se libérer decetas servissement.

Lorsque tu auras libéré ton être du corps et que tu auras monté vers les frontières de la dimension terrestre il sera alors temps de prononcer lapa role:DOR-E-UL-LA.

Grâce à cette invocation la lumière de ton être sera exaltée pour un temps, ce qui te permettra de traverser les barrières de l'espace. Durant la moitié d'un temps du soleil (six heures), tu seras libre de traverser les barrières du plan terrestre et tu pourras voir et connaître ceux qui sont en dehors de cette dimension. Oui, vers les mondes les plus élevés tu pourras te rendre et découvrir les niveaux supérieurs vers lesquels l'âme peut se déployer. Tu es enchaîné dans ton corps mais grâce au pouvoir tupeuxt'enli bérer.

Voici le Secret qui permet de remplacer la servitude par la liberté. Garde ton esprit calme. Lorsque ton corps est au repos, garde ta consciencesurlasen sationdeli bertéparrap portàlac hair.

Distingue clairement qu'il y a deux conscience en toi. Celle de la dense matière de ta chair et celle de ton être essentiel qui a la faculté d'être attentif à cette chair. Voilà où se situe le centre de ton attention où tudoisins tallertonv ouloirar dent.

Centre toi et attise en toi un désir toujours plus ardent. Concentre toien coreeten coresurl'idéequetueslibre .

Pense à ce mot : - LA-UM-I-L-GAN répète- le encore et encore dans ton esprit. Fais en sorte que sa sonorité fusionne avec le centre où résidetondé sirar dent.

Devienslibredelaser vitudedelac hairpartonv ouloir.

Soisat tentifalorsquejeteli vreleplusg randdesse crets:ce luiquite permettra d'entrer dans les Chambres de l'Amenti, dans la résidence des Immortels, comme je te l'ai fait, où je me suis présenté devant les Seigneursdansleursplaces .

Allongetoncor ps.Calmetones pritafinqu'ilnesoitpasdé rangépar des pensées. Ton esprit doit être pur et ton intention aussi, sinon tu connaîtras l'échec. Visualise l'Amenti comme je l'ai fait dans mes Tablettes. Avec la plénitude du cœur, visualise dans l'œil de ton esprit que tu te présentes devant les Seigneurs. Prononce mentalement les paroles de pouvoirs que je te donne : MEKUT-EL-SHAB-EL HALE-ZUR-BEN-EL-ZABRUT ZIN-EFRIM-QUAR-EL.Relaxe ton esprit et ton corps.Soismain tenantas suréquetonâmese raap pelée.

Voici maintenant la clé de Shamballa, l'endroit où mes frères vivent dans l'obscurité ; mais c'est une obscurité pleine de la Lumière du Soleil. Ténèbres de la Terre mais Lumière de l'esprit ; elle sera mon guide lorsquemesjoursse rontter minés.

Alors,quittetoncor pscommejetel'aien seigné.

Traverselespor tesdel'en droitpro fondetca ché.Pré sente-toide vant les portails et leurs gardiens. Prononce à haute voix ces paroles : "JE SUIS LA LUMIÈRE, EN MOI NE SE TROUVE AUCUNE OBSCURITÉ. JE SUIS LIBÉRÉ DES CHAÎNES DE LA NUIT. QUE S'OUVRE LE CHEMIN DU DOUZE ET DE L'UNIQUE POUR QUEJ'AR RIVED ANSLER OYAUMEDELASA GESSE"

Lorsqu'ils refuseront, ce qu'ils feront certainement, commande-leur d'ouvrir les portes en prononçant ces paroles de pouvoir : JE SUIS LA LUMIÈRE. Pour moi il n'y a pas de barrière. Ouvre-toi, je l'ordonne, par le pouvoir du Secret des secrets : EDOM-EL-AHIM-SABBERT-ZURADOM."

Si tes paroles ont été prononcés dans l'esprit de la vérité la plus hautealorslesbar   rièrestom beront.

Et maintenant je vous quitte mes enfants. Dans les Chambres de l'Amenti je dois aller. Ouvrez par vous-même le chemin jusqu'à moi et vous deviendrez mes frères dans la vérité. C'est ainsi que se terminent mesécrits .

Transmettez ces clefs à ceux qui viendront après moi. Mais seulementàceuxquev   ousju gerezdignesetquire   cherchentmasa gesse.

CARPOUREUXSEULE   MENT
JESUISLACLEFETLAV   OIE.

FIN

Table des matières